御社の働き方改革、ここが間違ってます!

残業削減で伸びるすごい会社

白河桃子

Shirakawa Touko

PHP新書

御社の働き方改革、ここが間違ってます！◆目　次

第二章――先端事例に「働き方改革」の実際を学ぶ

コンサルタントが自社をコンサルすると
――社風を変えたアクセンチュアのProject PRIDE

第三章——現場から働き方をこう変える！

第四章——なぜ「実力主義」の職場はこれから破綻するのか

第五章——「女性に優しい働き方」は失敗する運命にある

第六章――社会課題としての長時間労働

第七章——実録・残業上限の衝撃
「働き方改革実現会議」で目にした上限規制までの道のり

序章——働き方改革の何が問題なのか

「早く帰れ！　以上！」ではダメダメな理由

昨今、働き方改革セミナーが花盛り。雑誌には「生産性を上げよう」という特集が組まれる。でもこれは「各個人が働き方を変える」だけで解決する問題なのだろうか？

二〇一七年五月、ＩＴ企業サイボウズのポスターが話題を呼んだ。グループウェアを売るサイボウズは、新しい働き方を実践する企業。「ノー残業、楽勝！　予算達成しなくていいならね。」「労働時間削減、結局現場にムチャぶりですか？」といったコピーが「労働時間削減」を押しつけられた会社員たちの共感を呼んだのだ。サイボウズの青野慶久社長によれば、「二〇一六年末に電通の経営者が従業員の過労自死の責を負って辞任した衝撃が大きく、どの会社もまずは残業させないように……となっている」とのことだった。「経営者よ、落ち着け」ということで筆者と氏の意見が一致した。今は混乱期なのだ。

働き方改革を、ただの時短、残業代削減、業務効率化、生産性向上、テレワークやＡＩなどのＩＴ投資と矮小化して、とらえてはいけない。それらはツールであり、プロセスである。その結果、企業の抱える課題が解決できなければ意味がない。「利益が上がる」「イノベーションが起きる」「社員が幸せになる」「より社会に貢献する」「会社が魅力的になり、人材が押し寄せてくる」などの、もっと先の果実を目指すもののはずだ。制度を整える見せかけの改革ではなく、本気の「経営戦略としての働き方改革」に取り組まないと、最悪のシナリオとなる。

見せかけの働き方改革をすると、逆に売上が落ちたり、離職率が上がり人材不足に陥ったりする。最悪の場合、サービス残業等で労働関連の訴訟などが起きるブランドリスクもある。一度「ブラック企業」の汚名を着てしまうと、人材がとれなくなる。

見せかけの働き方改革とは「早く帰れ」と言うだけ、または「テレワークの制度を整えました！」と、「制度つくって魂入れず」の状態を言う。「意識改革セミナー」で「個人の生産性のお尻をたたくだけ」の状態も散見される。

最悪のシナリオの例を挙げてみよう。

【ケース①】十時消灯、ノー残業デー、パソコンの強制終了など、「早く帰れ」のかけ声のみ

➡サービス残業、持ち帰り残業の増加

社員のモチベーションダウンで、離職率が上がる。または労働訴訟などで会社のブランディングのリスクが発生。

【ケース②】若手だけが帰る

➡残業代の発生しない管理職がオーバーワークに

どこで取材しても同じことを言われるのだが、「早く帰れ」と言うと入社五年目までの若手は素直に実行し、仕事が終わらなくても帰る。その結果、その分の仕事を管理職がカバーせざるを得なくなり、オーバーワークに陥る。

【ケース③】いっさいの残業を厳格に禁止する

➡雑談もなく新規提案もない、ギスギスした会社に

無駄な業務のカットおよびジョブディスクリプションを明確にし、個人の仕事のみをやるようになるとどうなるか。最悪の場合、短期的には業務効率は上がるが、余計なことが発生しないよう働く姿勢になるため、新規提案もなく、イノベーションも起きず、会話もなくひたすら作業に集中する、ギスギスした会社となる。「残業がなくなりました」で終わるのは、本当の働き方改革ではない。

【ケース④】「好きで働きたいという人は良いのでは」と、例外を認める

➡改革のブレーキとなる。また、好きで働く人も、いずれ生産性が落ちる（体力・気力）

これはよく議論になるが、例外を認めると、全体の改革のブレーキとなる。ある企業幹部によると、「上司には長く働いて今の自分があるというＤＮＡが刷り込まれているので、残る部下のほうが可愛く見えてくる」という。そうした人が上司から評価されている姿を見ると、まわりも「やはり長時間労働したほうが評価される」となり、なし崩し的に残業が増える。

だが、産業医の大室正志氏曰く「人間が本気で集中できる時間はそんなに長くない。医学的に言えば、脳は起床後十三時間も使えば集中力の有意な低下を認めます。つまり、長時間会社にいてもどんどん集中できなくなっていくだけなんです」。つまり、長期的に見て生産性は落ちていく。

【ケース⑤】生産性を高めた結果、給料が減り、不満が増える

➡「なぜ、生産性を高め、短時間に結果を出したほうが給料が安くなるのか？」という社員からの疑問が起きる。応えないとまた長時間労働の社風に戻る。

これはキリンの営業女子チームがママになりきって働く「なりキリンママ」プロジェクトを実施した後に出てきた課題だ。「なりキリンママ」とは、子どものいない営業女性が「五時退社」「突然の呼び出しに対応」など一カ月間「ママ」に「なりきって」仕事をしてみるという、ユニークなプロジェクトである。実施した結果「前年比より高い成果、短い労働時間」という成果を上げた。しかし残業代が減った結果、個人の毎月の給与は下がったというのだ。

じつは、経営者が働き方改革をするときの本気度として「評価と報酬の設計」にまで手を突っ込んでいるかというのがひとつのポイントだ。これは労組などとの折衝も必要になるので最終段階になる会社も多いが、早くに手を入れると変化のスピードが早い。

残業上限規制で会社はどう変わる

働き方改革は「経営者に覚悟を求める」ものだと思っている。今後、経営者は「二十四時間働けて、いつでも転勤可能な社員」という経営資源を失うのだから。

二〇一六年三月末「働き方改革実現会議」にて、「働き方改革実行計画」（案）が示され、法改正による、日本初の「罰則付き時間外労働の上限規制」が導入されると明記された

（施行は二〇一九年を目指している）。

私は一億総活躍国民会議から働き方改革実現会議の議員として、計一八回の会議に出席し、「長時間労働是正」「時間外労働の上限規制」を提言してきた。この規制をやり遂げたいというもっとも強い意思を持っていたのは誰か。会議の現場にいた筆者は、それはほかならぬ安倍総理だったと感じている。しかし、一強と言われる安倍政権にとっても、経済界の抵抗はすさまじいものがあったのだろう。「時間外労働の法的上限規制」について労使が合意したのは、会議の終了期限である、三月のラスト二回の一日前。実行計画が民間議員に配布されたのは、最後の会議の直前。それほどギリギリのせめぎ合いがあった。

残業上限の規制について、マスコミでは「一〇〇時間以上か未満か」に注目した報道が多く、「一〇〇時間、残業させてもよくなったんだ」と誤解している人もいるぐらいだ。

しかし、確実に空気は変わりつつある。二〇一七年の一月ぐらいから「政府が上限に本気だということで、一部上場企業の経営者はザワザワしている」と教えてくれたのは、前述のサイボウズの青野社長だ。

今回決まったのは「年間の残業は労使で合意した最長でも七二〇時間（月平均六〇時間）、それ以上一時間でも、一人の社員でも残業したら罰則」という厳しいものである。

この六〇時間は長いのか、短いのか？

ロイターの調査では「新たに導入される残業上限規制の結果、事業に支障が出ると回答した企業が約四割にのぼった」という（資本金一〇億円以上の中堅・大企業四〇〇社を対象に二〇一七年四月七日～十七日に実施。回答社数は約二五〇社）。そして七割の企業が「生産性向上」などの取り組みを検討するとのことだ。月平均で六十時間以上働く就業者は全就業者のうち一一・九パーセント。運輸、建設、宿泊、飲食などのサービス業が多い（総務省 労働力調査二〇一六年 ※参考資料・巻末参照。以下同）。しかし、労働力調査（実際に働いている人が答えた労働時間）と厚労省の毎月勤労統計（雇用者が答えた労働時間）にはじつは三百時間近くも差がある。「二〇一四年における、労働者一人当たりのサービス残業は一カ月二十四・三時間」だったと東京新聞の中澤誠氏は指摘している（中澤・二〇一五 ※参考資料・巻末参照。以下同）。

残業上限に違反した場合、誰に罰則が来るのか。電通の件を見ていただきたい。経営者や該当する事業場の長、直属上司も書類送検されている。電通の石井直社長が責任をとって辞任したことは、経営者にとってショックを呼ぶとともに、働き方が変わるひとつの節目だった。

経営戦略としての働き方改革

この本ではまず働き方改革にまつわる誤解を二つ解いておきたい。

一つ目は、法改正のポイントだ。

「一〇〇時間以上か、未満か」が注目されたが、今までとの大きな違いは、別なところにある。

それは、時間外労働に法改正による「罰則付き上限規制」が入ったことである（今までは大臣告示で強制力がなく、事実上、残業時間は青天井だった）。法規制により、これまで「遵法意識」が低かった会社も変わらざるを得ない。

二つ目は「個人の働き方が悪い」のではなく「ビジネスモデルから変える必要がある」ということ。

「福利厚生」や「ただの時短や生産性向上」ですむ問題ではない。経営改革であるということだ。

表1　残業の上限規制のポイント4つ

Point①	今までは「厚労大臣告示」で強制力のないものであったが、70年続く労基法上初めて、時間外労働に罰則付き上限規制が入った。それまでは事実上、青天井だった。
Point②	時間外労働の上限は、最長でも年間720時間（月平均60時間）。特別な場合として労使の合意が必要。
Point③	原則の45時間を上回る場合、2～6カ月以内で、平均は80時間以内。繁忙期の最長は単月で100時間未満。特別な場合として労使の合意が必要。
Point④	原則として時間外労働は月45時間年360時間で、それに近づける努力が求められる。

時間外労働の上限規制、そのポイント

「働き方改革実現会議」で決まった「時間外労働の上限規制」は経営者にとっては厳しいものである。

「時間外労働の罰則付き上限規制」のポイントを四つ挙げたい（表1）。

労務関連の弁護士には「八〇時間でも過労死の判決が出ている。一〇〇時間未満を認めることは、事実上の後退ではないか」と厳しく評価されたが、経営者にとっては、この法改正が入ることはかなりの痛手だ。

そして「働き方改革は経営改革」ということだ。人材が豊富だった頃の、またコンプライアンスが緩く、正社員を無制限に働かせていた時代につくったビジネスモデル自体を改革しなければいけないという、かなりの大事

だ。「個人が生産性向上してがんばって残業を減らしましょう」というだけなら、むしろ企業にとっては残業代も浮くし、大歓迎。法的上限規制に経済界があれだけ抵抗をするわけがないではないか？　今こそ経営者の覚悟が問われるときなのではないだろうか。そして働く側に求められるのは「変われない経営者のもとを去る覚悟」なのかもしれない。

働き方改革は会社の魅力化プロジェクト――

先日、全国の新聞社の経営トップが出席する会議で「働き方改革」について講演をさせていただいた。その後の経営者担当者会議にも出席したのだが、みなさんの表情がとても暗い。新聞社といえば、長時間労働が当たり前という業界。そこに、法的上限規制が入るということで拭いようのない「やらされ感」が漂っていた。しかし、何か改革をしないわけにはいかない。「実労働時間の把握ができない」ということや、慢性的な長時間労働による新聞社自体の「人材不足」、新聞配達員の不足など、経営者はさまざまな経営課題を抱えていた。

あまりに雰囲気が暗かったため、思わず「紙の新聞って毎日出ないといけないないんでしょうか？」と発言したら、一瞬シーンとなってから、大爆笑。

空気も和み、意見も活発に出た。

同じように長時間労働が当たり前の業界は、みな「法律の抜け道」を探したり、「労基（労働基準局）がいつ来るか？」とびくびくしたりしているだろう。

「シュン」となっている感じがある。電通の知人も「社内がシュンとして元気がない」と言っていた。

今までの自分を「否定」されたと感じる人もいる。特に中間管理職だ。「長時間労働＝仕事をがんばっている」と信じてきたのだから。確かに高度成長期やバブルの頃はそれが正しいやり方だった。ただ、時代は変化している。それも、ものすごい勢いで。

強い者が生き残るのではなく、変化に対応する者だけが生き残る時代なのだ。

「ただの時短だと思うからいけないんです。会社全体が、業界全体が、この会社で良かったと、プライドを持って仕事ができるようになる改革。それが働き方改革なんです」

そう言ったら、みなさんの目が違ってきた。

東京大学で人的資源開発を研究されている中原淳先生と対談したときに、先生も「時短ではなく、会社の魅力化プロジェクトととらえなくてはいけない」とおっしゃった。「魅力化」、良い響きだ。言葉はとても大事だ。

「時短」「残業代削減」ととらえると後ろ向きだ。働くほうも「どうせ、サービス残業が増えるだけ」「残業代が減るだけ」となる。「裁量労働」で抜け道を探そうという会社もあるだろう。しかし、それは会社の魅力を失わせ、社員のモチベーションを下げ、結果的には、会社を弱くするのではないだろうか。

前向きにとらえれば、今回の法改正は「変わるチャンス」である。働き方改革、特に労働時間改革は、劇薬であるだけに、成功した場合の効き目は抜群なのだ。働き方改革は「勝つための経営戦略」であって、「上から言われて嫌々やらされる時短」や「社員をしぼって業務効率をギリギリまで上げること」でもない。

会社をあげて変わるしかない。働き方改革実現会議の決定は、きっかけにすぎない。働き方改革元年に乗り遅れないようにしてほしい。

名経営者たちが続々と「働き方の変革」を宣言

「高度成長、規格大量生産、成果＝時間のすべてが終わった。Change or Die（変わるか、さもなければ死ぬか）。変わらなければ負けるのではなく死ぬしかない」と言ったのは、ダイバーシティ経営の先駆者である松元晃カルビー会長兼ＣＥＯだ。

この「変わらなければいけない」覚悟を、さまざまな経営者が自分の言葉で表現している。長時間労働を是として出世してきた経営者であるはずの、カルビー松本会長をはじめ、二〇二〇年までに残業ゼロのために二〇〇〇億円の投資を表明した日本電産の永守重信会長や、朝残業二十時退社に取り組む伊藤忠商事の岡藤正広社長などが、「長時間労働」を否定していることも興味深い。

岡藤社長は以前「『イクメン、弁当男子』はなぜ出世できないか」(「プレジデント・オンライン」)という記事が炎上したことでもわかるように、商社のマッチョな体育会系カルチャーの経営者というイメージが強かった。しかしその経営者が「朝残業」を提唱し、「二十時に帰れ」と言う。さらに「一一〇運動」までやっている。「一次会は十時まで」という提唱だ。バブルの頃の伊藤忠の壮絶な飲み会カルチャーを知っている身としては、その転換ぶりには驚くばかりだ。その方向転換は近しい人に聞くと「仏教からキリスト教になったぐらいの変わりよう」で周囲も戸惑ったほどだという。導入三年での結果はといえば、二〇一六年三月期決算で、財閥系を抜いて商社のトップに立った。純利益は前期四〇パーセント増の二一二七億円と独走。通期見通しでも三〇〇〇億円の三菱商事に対して、伊藤忠商事は三三〇〇億円だった。

社員の時間外労働は朝残業に深夜と同じ割り増しを払うようにしても、二十時以降の残業は三〇パーセントから五パーセントに減少、朝八時前の出社が四五パーセント。時間外勤務時間が一五パーセント削減され、朝残業代を払っても残業手当はおよそ一〇パーセントの削減となっている。伊藤忠はほかの商社よりも社員数が少ない。少人数でも高利益を上げる、生産性が高い働き方にシフトしているのだ。

一方、ＩＴ業界で働き方改革に成功している会社がＳＣＳＫだ。ＩＴ業界、特にシステムエンジニアは長時間労働体質の代表格だが、住友商事から来た中井戸信英氏（当時社長）が二〇一一年から改革に着手し、残業しない分をボーナスとして社員に支給するという、当時としては斬新な試みで「ホワイト化」に成功。「内定を出しても、ＳＣＳＫに学生を全部もっていかれる」というＩＴ系人事担当者の嘆きが、その成功を物語っている。

中央大学ビジネススクールの佐藤博樹教授も「過去の自分を否定できるのは良い上司」と言っていた。このような経営者たちが何を求めて、労働時間に着目したのか？

「時間」という資源が起こすイノベーション

私は今「労働時間改革」に取り組む経営者への取材に力を入れていて、チャンスがあれば、なるべく経営者本人の言葉を聞くようにしてきた。「労働時間改革」に取り組む経営者に興味を持ったのは、働き方改革先進企業の経営者が集まる報告会を見たからだ。社長自らが嬉しそうに報告している。一部上場企業の経営者が、まるで「宝物を見つけた少年のような笑顔」である。

私はそんな経営者たちの顔を見て「誰も着目してこなかった『時間』という資源に着目することは、イノベーションなのだ」と思った。ＡＩ（人工知能）よりも安上がりなイノベーションだ。

働き方改革が成功したら、これだけの課題が解決する。

企業の抱える課題
・労働力不足
・イノベーション不足
・生産性向上
・自己研鑽の向上

社会課題
・少子化
・地方創生
・安全な労働環境
・父親の家庭参画
・女性活躍

その実態は本書に挙げた、さまざまな実例でご覧いただきたい。

働き方改革で「不機嫌な職場」がなくなる

今は「罰則が怖いので、とにかく残業をなくそう」という企業が多く、現場にしわ寄せがきている。これがひと段落すると、「残業はなくなりました。これでＯＫ」で働き方改革が一過性のブームで終ってしまう可能性もある、という指摘も聞かれる。

「残業撲滅」だけが働き方改革の本質ではない。私が注目しているのは、長時間労働がなくなることにより「心理的安全性」が担保され、「関係の質」が変わるという課題だ（図1）。アクセンチュアの江川昌史社長が一年半の働き方改革の副産物として「社員が優しくなった」と語っていた。改革以前は体育会系のマッチョな競争環境だっただけに、社長本人も意外そうに語っていた。

第二章で詳述するが、グーグル社は「心理的安全性の高いチームが生産性の高いチーム」という研究結果を報告している。

「関係の質」をあげて「結果の質」をあげるというモデルはＭＩＴ（マサチューセッツ工

図1　働き方改革で「不機嫌な職場」が変わる

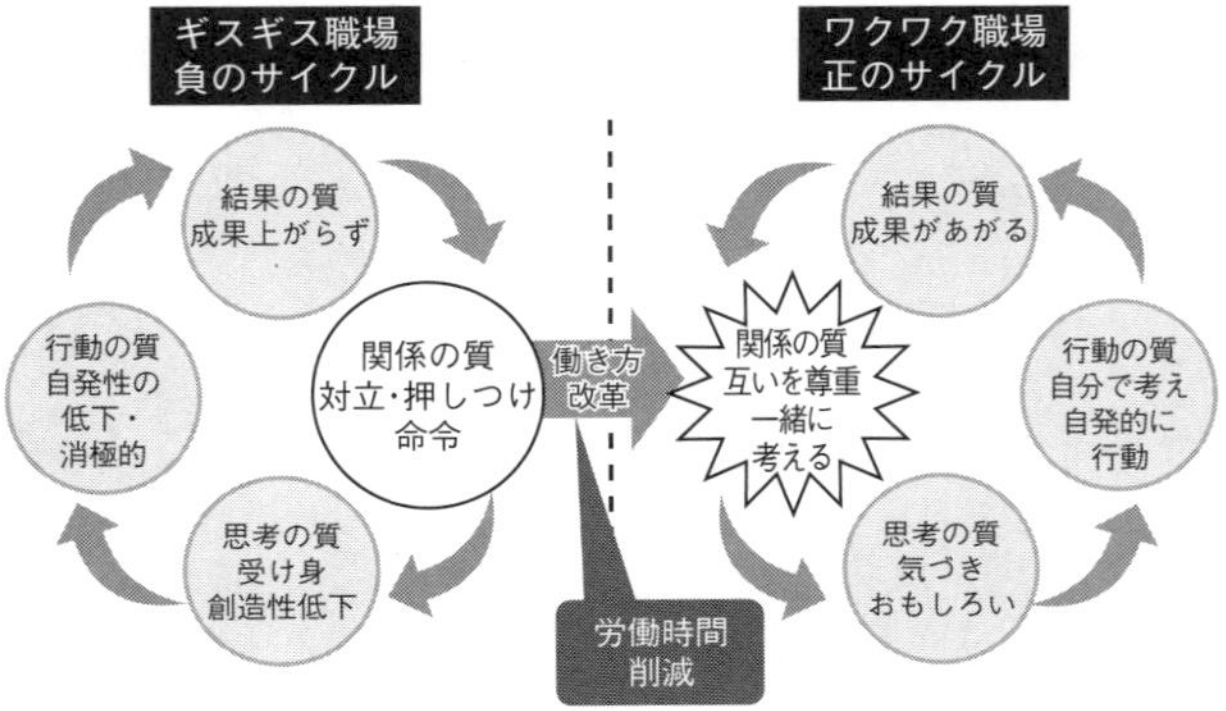

科大学）の教授ダニエル・キム氏が提唱した、組織の成功循環モデル。キム教授は「同僚、上司」などとの目に見えない「関係の質」に注目している。「ギスギス職場」が「ワクワク職場」に変わることで、結果（売上げ、生産性、社会的インパクトなど組織によって違う）の質が上がるというモデルだ。

この「ギスギス職場の負のサイクル」を「ワクワク職場の正のサイクル」に変えるため、今の日本ならまず「労働時間」から手をつけることが正しいのではないか？　なぜなら日本のギスギス職場は「長時間労働できる人」と「できない人」の格差や「長時間労働」を「やらされている」ことへの不満などが溜まっていることが原因の場合が多いからだ。

時間に着目すると、多くの課題が見えてくるはずだ。だからこそ長時間労働是正を、働き方改革の「一丁目一番地」にもってくる。

長時間労働の「マッチョギスギス職場」を安心安全な労働環境が確保された「ワクワク職場」に変えて行く。これこそが、会社にとっても社員やその家族にとっても歓迎すべき働き方改革ではないだろうか？

「残業上限規制」は非常にメッセージ性の強い施策だと思っている。我慢競争をやめ、平日に友だちと約束もできない世の中をやめ、子育てや介護と両立できないような働き方をやめたい。「仕事だけが一番」というマッチョな滅私奉公思想は終わりにしたい。その人の大切なことは全部大切と認め合いたい。この「働き方改革」の波に乗って、「いっせーのせ」で「長時間労働をやめよう」という方向に舵を切っていけたら……。上限規制はその一歩目なのだ。

とはいえ、私が長時間労働について話をすると、若い人でも「でも私は仕事メインでやっていきたい」と言う人が必ずいる。そうした働き方についてもまったく否定はしていない。しかし、日本人の間ではあまりにも「仕事をがんばる＝長時間がんばる」になっているのだと思う。

だが、経営者たちは時代の潮目を見ているし、彼らにとって、その働き方はもう「評価される人」とイコールではないのだろう。新しい時代に生き残る術《すべ》は何なのか？　働く、とは何なのか？　この「残業上限ショック」を機に、そうしたことを一緒に考えられる一冊になればいいと思う。

最後に、簡単に本書の概要を説明しておこう。

第一章は、「今から上司を説得するための概要を手っ取り早く知りたい人」向け。「働き方改革はどうやったら実現するのか」と題し、なぜ今これほど働き方改革が叫ばれているのか、その背景を探る。また、いち早く働き方改革に着手した企業の成功の要因を分析するとともに、「生産性」について考察する。ただの業務の効率化と、生産性の向上は、また違うものだと思う。働き方改革とは、じつは生き残るための競争戦略であり、イノベーションの源泉なのだ。

第二章は「じゃあ、本当に売上が上がるのか？」と問われた人向け。「先端事例に『働き方改革』の実際を学ぶ」として、働き方改革の実例にさらに踏み込んでいく。働き方改革に成功した企業の現場では、何が起きていたのか。各社が試行錯誤しながら築き上げた

「経営戦略としての働き方改革」の仕組みは、これから働き方改革に直面する企業にとって、参考になるだろう。

第三章は、「実際に明日から何かできることはないか？」を知りたい人向け。「現場から働き方をこう変える！」と題し、テレワークやITを使ったスケジュール・タスク共有、イクボス宣言など、現場で実践できる試みを紹介する。

第四章では、「『実力主義』の職場はなぜ破綻するのか」として、霞が関とメディア業界を取り上げる。なぜこの両者かというと、二つとも「実力主義・男女平等」を掲げる職場だからだ。この「実力主義」は、じつは日本の場合、常に長時間労働とセットになってきた。こうした「（長時間労働できる人のみの）実力主義」はなぜこれから破綻するのか。「男女平等ですよ」を掲げる職場の何が問題なのか。そうした職場で働く社員たちが直面している軋轢《あつれき》や悩みを探る。これらは、多くの企業の現場で起きていることと同じである。

第五章は、「環境は整ったのに、なぜ女性が活躍しないのか？」と思う担当者向け。働き方改革で、子育て中の女性など「制約社員」が活躍できる環境は整えた。なのになぜ女性社員は辞めていくのか、管理職になりたがらないのか。そんな悩みを持つ人に読んでもらいたい。「資生堂ショック」や「マミー・トラック」問題について考察するとともに、なぜ女性は管理職になりたがらないのかを分析する。また、女性リーダー育成のためのユニークな試みも紹介している。御社の「女性活用」はなぜ失敗するのか？　本章を読めば、その答えの一端を見つけられると思う。

第六章は、「地方を元気にしたい！」と考える人向け。長時間労働是正は、じつは少子化対策にも地方創生にもつながる社会課題解決向けのツールである。「社会課題としての長時間労働」として、長時間労働をなくすことで生じる、さまざまなプラスの効果について紹介する。

第七章は、少しこれまでの章とは毛色が違うかもしれない。「実録・残業上限の衝撃」として、私が参画してきた「働き方改革会議」の実態をレポートする。少しでも「社会を変えたい」と思う人のヒントになったらと思い、追記した章だ。

本書が、働き方を変えたいと願う読者の助けに少しでもなれたら、望外の幸せである。

第一章——働き方改革はどうすれば成功するのか

働き方を変えなければならない三つのショック

今、日本人の働き方が問われている。

働き方改革実現会議でテーマとされた九項目。その中には「法改正による時間外労働の上限規制の導入」「副業兼業」「テレワーク」などがあるが、これらを「日本型雇用の否定」ととらえる見方もある。日本人はこれまで「決められた時間に会社に行き、仕事が終わるまで残業し、二十四時間稼働できて、いつでも転勤可能」な「無制限正社員」だった。しかし、ここ数年で「日本人の働き方」への大きな転換点ともなる出来事が三つあった。

1、資生堂ショック
2、電通ショック
3、ヤマト運輸ショック

である。

1、資生堂ショック

資生堂ショックは第五章でも詳述するが、女性の両立支援に厚い資生堂が、「土日や遅番」を免除されてきた「ワーキングマザー」に「土日や遅番など、個人の事情に合わせて、これからは出勤するようにしてほしい」と要請したことだ。資生堂ショックの示唆するところは以下の三つである。

①「女性に優しいだけ」の両立支援の限界。両立はできても活躍はできない
②女性の多い企業とその社員だけが子育ての負担を強いられることの限界
③ワンオペ育児とワンオペ稼ぎ手モデルの限界

今、女性だけが育児をひとりで切り盛りする「ワンオペ育児」という言葉が出てきているが、逆に言えば、これまで男性は「もっぱら働けばよし」という「ワンオペ稼ぎ手」でもあった。資生堂ショックは「女性だけが育児を背負うのはもう限界。妻の稼ぎを維持したかったら夫も手伝うべき」という暗黙のメッセージを社会に突きつけた。日本型雇用と日本型育児の限界は同時に来ているということだ。

女性が八割、という特殊な企業である資生堂に起きたこの出来事は、女性の労働力に頼るアパレル業界などの販売現場（「女性キラキラ職場」と筆者は呼んでいる）、携帯電話販売

業、保育士や介護士など、多くの業界で今後確実に起きることだ。

2、電通ショック

電通の新入社員だった高橋まつりさん（二〇一五年入社・当時二十四歳）が二〇一五年のクリスマスに投身自殺をした。一〇〇時間超の長時間労働やパワハラ、セクハラがあったことが記録からわかり、二〇一六年九月に労災認定された。高橋さんの母親と弁護士の川人博氏が同年十月に記者会見を開いたことから、社会問題として大きく報道されるようになった。さらに「一〇〇時間程度で情けない」という年配の大学教授のSNSでの投稿が波紋を呼び、「長時間労働を是とする世代」との世代間対立も可視化された。

「命より大事な仕事はない」という高橋さんの母親の訴えが社会に投じたものは大きい。日本の労働基準法は、事実上残業無制限の青天井であることも、クローズアップされた。

高橋さんの直属の上司の幹部社員の男性一人と、電通が労働基準法違反（長時間労働）の疑いで書類送検され、電通の石井直社長は同年十二月に引責辞任する意向を表明した。

厚労省の過重労働特別対策班による異例のスピード捜査、支社、子会社までへの追及と、経済界に与えた影響は大きかった。

電通ショックで、明らかに経済界の「長時間労働問題」に対する空気は変わった。「当たり前」とされていた長時間労働を放置すると、ここまで重大なリスクに発展するのだと、認識を新たにしたのだろう。

本当にできるのだろうかと危ぶまれていた残業上限の法改正が、働き方改革の実行計画に書き込まれたのには、高橋まつりさんの影響が本当に大きかったと思う。

「まつりの死によって、世の中が大きく動いています。日本の働き方を変えることに影響を与えているとしたら、それは、まつり自身の力かもしれないと思います。でも、まつりは、生きて社会に貢献できることを目指していたのです。そう思うと悲しくて悔しくてなりません」と高橋まつりさんの母親は自身の手記で書いている。

改めてこの手記を多くの人に読んでもらいたい。二度と今の時点から後戻りしてはならないと誓うために。

3、ヤマト運輸ショック

そして、もうひとつはヤマト運輸ショックである。社会の長時間労働に対する視線と人手不足の顕在化で、経営戦略の転換を余儀なくされた。働き方改革はまさに「経営改革」

だという事例である。

Ａｍａｚｏｎというイノベーションは成功したが、日本ではその足下を支えるのが、未払い残業をし、過酷な仕事に耐える社員の「がんばり」であったという皮肉でもある。「お客様は神様である」と、お客様に対してのサービスを一番に考えてきた企業での、社員の働き方の過酷な状況が明らかになり改革を迫られた。サービス残業に対しての社会的な批判も大きく、未払い残業代二〇〇億円を支払うとし、営業益五割減（二〇一七年三月期）となったと報じられた。

また、ヤマト運輸では宅配便の値上げや取引先の見直しなどにも踏み切った。同時に宅配ボックスの増加、個人宅向け宅配ボックス、自動運転による「ロボネコヤマト」の企画など、今まで進まなかった宅配業界のイノベーションが一気に加速することにもなった。今までは「人のがんばり」「サービス残業」でやってきた分、逆にイノベーションへの投資が出遅れたのだ。人手不足が企業の成長のボトルネックとなり、働き方問題が経営を揺るがすという、象徴的な事例となった。

「対症療法」では失敗する

第二章では、先進企業の働き方改革のプロセスの実例を紹介するが、本章ではまず「本気の働き方改革とは何だろうか？」という点について考えてみたい。

序章でも述べたが、働き方改革を、ただの時短、労働時間削減、効率化、生産性向上、テレワークやＡＩなどのＩＴ投資、など矮小化してとらえては失敗する。それはツールであり、プロセスである。本気の「経営戦略としての働き方改革」に取り組まないと、かえって労働問題のリスクが起きたり、人材が逃げたり、売上が落ちることもある。

本気の働き方改革を推進する企業は評価と報酬の設計に手をつけている。たとえば、以下のように浮いた残業代を社員に還元している企業もある。いわゆる生活残業問題、社員の「残業代が減ると生活できない」という不安に対処する必要があるためだ。

●アクセンチュア（二〇一五年から全社をあげての改革に着手）
働き方改革の前に給与を上げた
時間に依存しない評価・完全アウトプット評価に移行
●大和証券（二〇〇七年から十九時前退社を励行）
自己研鑽に補助金・資格取得にポイントがつき、定年後の再雇用の給与などに反映され

る仕組み

●かんぽ生命（コンサルタントを入れて、二年前から労働時間削減）

評価と報酬について労組と折衝。自己研鑽のコースを一〇〇以上設定

●ＳＣＳＫ（ＩＴ業界で先駆的に長時間労働是正）

削減した残業代を生産性の高いチームにボーナスを出すことで還元

●サイボウズ（多様な働き方を実現）

社内の「給与テーブル」を廃止。社員それぞれに働き方が異なり、画一的な評価が難しくなるので、市場価値を評価の基準に採用

●リクルートスタッフィング（時間外労働削減と生産性向上）

「チーム全員が設定労働時間以内におさまっていること」を表彰の条件とした。ひとりでもルール時間を超えたら対象外（小室・二〇一六）

たとえば女性活躍推進やダイバーシティ、両立支援などの今までの例を考えてほしい。各企業は、本気で「女性に活躍してほしい」と思ってやっていただろうか？　政府が旗を振ってさまざまな課題がおりてくる。企業はそのたびに両立支援制度を厚くしたり、無理

に女性管理職の人数を引き上げようとしたり、女性だけのチームをつくってこんな素晴らしい商品ができましたとアピールしたりと、さまざまな「対症療法」を行なってきた。女性に活躍せよと言いながら、男性中心の働き方の問題には手をつけてこなかった。

今度も同じように「対症療法」で乗り切ろうとすると働き方改革は失敗する。経営者の本気度は、「評価と報酬」にまで手をつけるかどうかで決まる。

制度が先か、理解が先か

「ただ帰れ」はダメな改革と書いたが、それでは「意識啓発」を一生懸命やるべきなのだろうか？「アクションチェンジ」と「マインドセット」、どちらが先か？　これは取材先の多くの人たちに聞いて回った質問だ。

結論を先に言おう。実践例から見ると「アクションチェンジ」の強制を先にしたほうが成功することがわかった。つまり「△時消灯」「○時パソコンの強制ログオフ」「早帰りデー」も「アクションを最初に決める」ためには必要なのだ。

「日本人は横並び意識が強い。ある程度形を決めることが重要」と言ったのは大和証券の鈴木茂晴会長（当時）だが、大和証券を取材しているうちにおもしろいことがわかった。

多くの中間管理職は「長時間労働をして今の自分の地位がある」というＤＮＡを持っている。彼らの意識を変えるのはなかなか難しい。だから、まずはアクションを決める。大和証券ではそれは「十九時前退社」を例外を認めず厳しく遂行することだった。二〇〇七年から実施しているので、すでに十年近くたつ。そうなると「入社したときから十九時前退社が当たり前」という若い社員がどんどん増えてくる。彼らは「ちょっと残業してくれ」と言う上司に厳しく、人事の評価などで「労働時間の管理が甘い」と書いてくる。労働時間がイレギュラーに延びることは彼らにとっては次の予定（たとえば大学院に行くことや、保育園のお迎えなど）に遅れることであり、大問題である。

「やっているうちに企業のＤＮＡが変わる」とは、まさにこのことだと思った。

ほかの働き方改革先進企業からも「アクションが先。何をしていいかわからない人も巻き込んでいく」「強制的に帰って……となると、どうすればいいか考える。そこからマインドが変わる」という意見が出た。

結論は、アクションチェンジが先。しかし仕組み、制度、評価や報酬などの改革、ＩＴ投資などで、アクションが形骸化しないよう、アクションすれば良い循環が起きることを「見える化」して支え、トップが諦めず旗を振り続け、発信することで「一年半から二年」

図2　働き方改革を担うのは誰か？

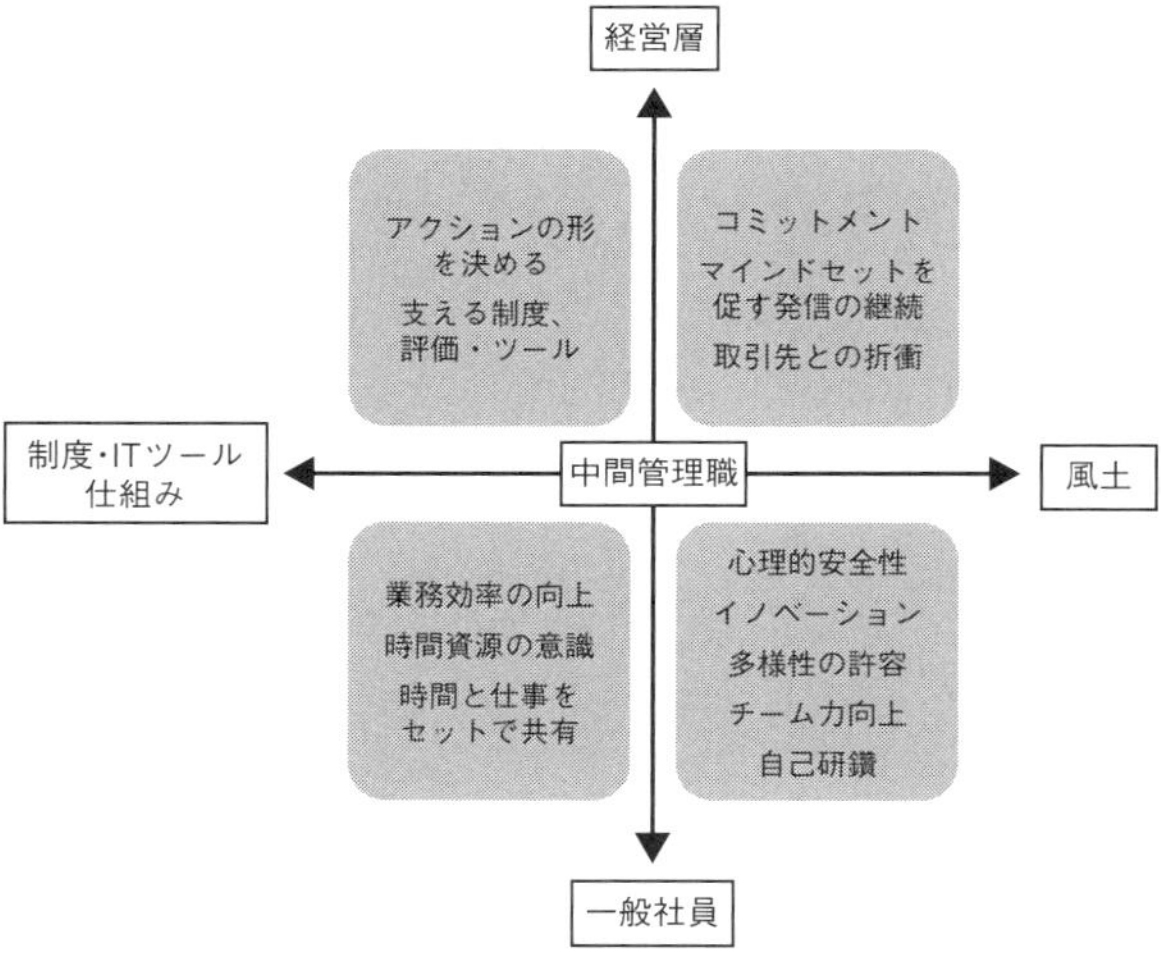

で社員の多数にマインドセットが起きてくる。続けるうちに企業のＤＮＡが変わるのだ。

働き方改革を担うのは誰か？――

それでは最悪のシナリオにならないようにするには、どうすればいいのか？そもそも働き方改革は誰が担うのか？それぞれがやれること、やるべきことなどを挙げてみた（図２）。

●経営者

まずは経営者が「人材が豊富な頃のビジネスモデルや制度」を改める。

トップがコミットメントし、社内にメ

ッセージを送り、取引先、役員、中間管理職を説得し、制度改革や生産性のための新たな投資への決断をする。まさに「ヤマト運輸」に今起きていることである。

ＳＣＳＫはＩＴ業界でいち早く長時間労働是正に取り組んだが、当時の社長が取引先に手紙を書いて理解を求めた、という。

経営者の本気度は「評価と報酬の設計」まで手を入れる、取引先を説得するなどの「巻き込み度」に現れる。また実行部隊をどこに置くかもある。「経営企画室」などに「働き方改革実行部隊」を置く会社もある。人事だけに丸投げではない。

前述のカルビー松本会長は「経営者しかできない。なぜなら既得権益をはがすことだから」と言っている。

●個人

それでは個人ができることは？　筆者が働き方改革のセミナーに登壇すると「トップがその気でない場合、どうすればいいか？」という質問が一番多い。個人でも、業務の効率化、やめる仕事の選択、共有化（マニュアル作りなど）、できることはたくさんある。まずは「時間」を有限のものと意識することだ。

個人のロールモデルはワーママ（ワーキングマザー）だ。業務効率化に取り組み、「時間」という資源をもっとも意識している。保育園のお迎えという「強制終了」の時間が決まっているからだ。また突然の子どもの病気などで休まなければならないという突発事態もあるので、自分が休んでも業務が回るように、「仕事の属人化」から「仕事の共有化」へと進む。このように、ワーママが会社内で一番「効率化」と「共有化」に取り組んでいる場が多いため、まずはワーママの業務設計を参考にするべきだ。男性の上司が「部下が全部ワーママになった結果、自分の労働時間も短くなった」と言っていた例もある。

「Google Women Will 未来の働き方トライアル２０１６」という取り組みがある。グーグルが、三〇社以上のパートナー企業とともに取り組んだ、働き方のトライアル（お試し）だ。そこでは三種類の「働き方」を試みた。「決まった時間に帰る」に一カ月間トライアルした二八社の中に「今まで仕事の時間の終わりを決めて、仕事に取り組んだことがなかった」という会社が多かった。

「子どもができるまで、時間の制限など考えたこともなかった」と当のワーママも言っているぐらい、日本は「業務の終わり時間」への意識がルーズである。まだまだ個人とチームへの働きかけで効率化はできる。

図3　仕事の優先順位のつけ方のマトリックス

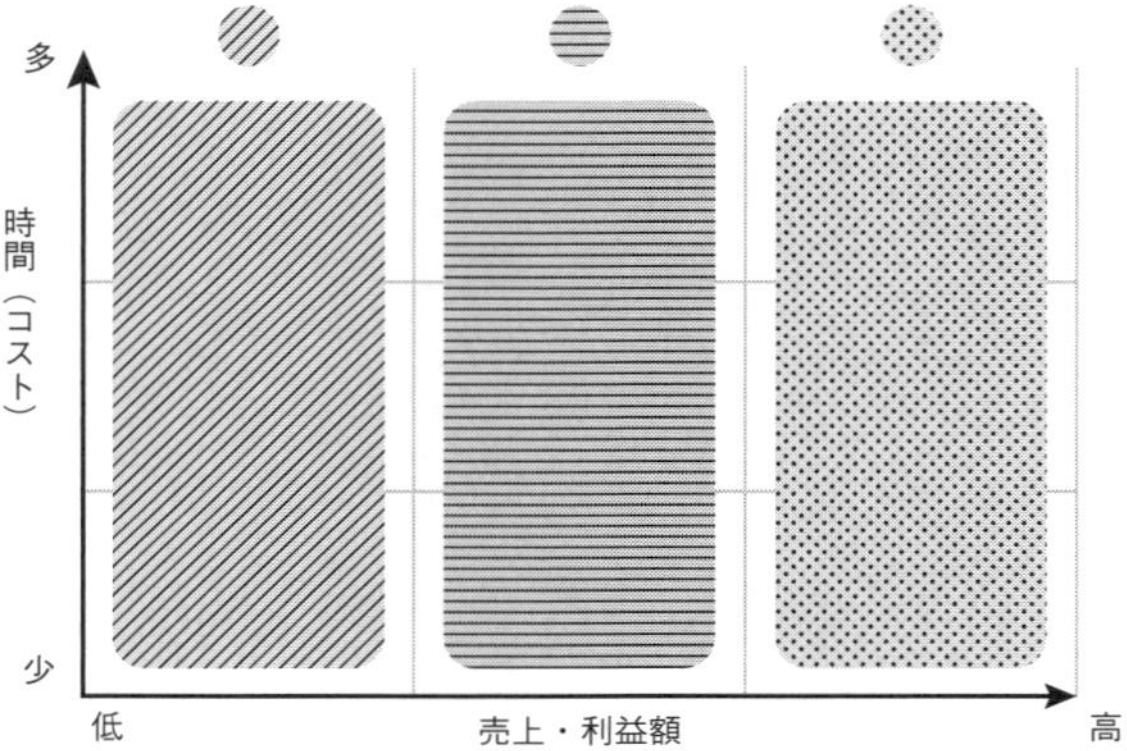

※ストライプインターナショナル作成

図3はストライプインターナショナルが提案している、個人が生産性を上げるための、仕事の優先順位のつけ方だ。

●上司

改革の要であり推進者でもある「上司」。中間管理職である。働き方改革は「マネジメント改革」と言われるほど重要だ。業務の効率化に取り組むにはチーム力が必須で、チームでの改革の取り組みに、上司の力は欠かせない。改革がトップダウンで降りてくるときも、「上司」で成否が決まると言っても過言ではない。

労働時間は有限という意識のもと、「リソースの最適配分」（大室正志・二〇一七）をしなければいけない。経営コンサルティング会社のリンクアンドモチベーション執行役員の麻野耕司氏によると「目的・対象・役割・方法・基準・納期の六つが関係者でしっかり合っていると、業務の効率や効果が高まる」（麻野耕司・二〇一六）という。チームの業務設計、多様な場所・時間で働く人の業務管理、コミュニケーションを推進しつつ結果を出すことが求められる。時間に制限があっても、コミュニケーションのない職場にならないよう、ランチや毎朝十五分ぐらいの立ち話のミーティングで共有や調整を図る。現在、このようなスキルがあるマネジメントはほとんどいないので、まずはスキルトレーニングも必要になる。サポート人材やITツールでの支援も有効だろう。

さらにこの層は「長時間労働をして今の自分の地位がある」という成功体験を持っているため、もっとも改革のブレーキになる「粘土層」だ。スキルと同時に意識改革も必須となる。では、上司をどう変えるのか？　それには「仕組み」が必要だ。彼らを再びスターにしたり、褒めたりする機会をつくる仕組みである。

【ケース①】評価軸の変更

上司の評価項目に改革の項目を入れる（部下の育成、ダイバーシティの推進、労働時間の削減など)。

【ケース②】イクボス表彰(上司を褒める仕組み)

塩崎恭久厚労大臣が「イクボス宣言」をしたことで、厚労省内では次々にイクボス宣言をする上司が増えている。「イクボス」とは、部下のワークライフバランスを考え、その人のキャリアと人生を応援しながら、組織の業績を出し、さらに自らも仕事と私生活を楽しむ上司のことだ。これは厚労省の「ジョカツ部」の試みで、まずはボスに宣言させ写真を撮り、机にはイクボス宣言を書いてある三角柱を置いてしまう。半ば強制的だが「イクボス宣言をした」ことで周囲の評価も上がる。そうしているうちに、本人もだんだんその気になっていくという「上司を褒める」仕組みがよくできている。

多様な部下の働き方に配慮したり、男性に育休を取らせたりしても、現在の評価項目では、誰も評価してくれない。結局は大半はやらなくなってしまう。褒める、評価することが改革を後戻りさせない秘訣なのだ。

ーITの力で働き方改革をスピードアップ――

働き方改革に、ＩＴの力は欠かせない。たとえばリモートワークや自動化のツール、ＡＩなどのことである。実際に、どういった場面でＩＴを活用すればよいのだろうか？

【働き方改革に役立つIT活用の例】

- ＡＩ活用で保険の支払い業務のシステム化を導入中（保険会社）
- 業務と時間をセットにして、スケジュール共有（グーグル未来の働き方トライアルより）
- 店舗の残業の原因である棚卸しが一瞬でできるＩＣタグの導入（アパレル）
- 営業にタブレットを配布。リモートワーク化で移動時間が短縮（新聞）
- 徹底したペーパーレスと情報共有（ＩＴ）
- トラックの深夜の荷積み待ち時間を改善した荷積み予約アプリ（運輸）

経営者の項目で述べたように、経営者がトップダウンで行うと改革のスピードが早まるが、個人やチームでもやれることはたくさんある。

トップの意識に働きかけることも重要で、経営者が一番言うことを聞くのは同じ経営者だ。率先して労働時間の改革に取り組む経営者の集まりやイベントに送り込んで、先進企業のトップの話を強制的に聞く機会を増やすなどの働きかけは必要だろう。

しかし、どうしても変わらない経営者の場合、変化できない経営者には見切りをつける、といった行動も同時に個人のできることなのだ。

「労働時間改革」コンサルティングのイノベーターであるワーク・ライフバランス社(以下、WLB社)の小室淑恵社長は言う。「働き方改革に魔法はない。コツコツと辛抱強く取り組むしかないんです」。

生産性、この悩ましき問題

働き方とセットで必ず出てくるのが、「生産性」の問題だ。「日本は生産性が低い」「長時間働いているのに、先進国中一人当たりの労働生産性はOECD加盟国三五カ国中二二位」などという資料がよく登場する。

しかし、トヨタのカイゼンなどは世界のお手本になるぐらいである。「日本の製造現場の生産性は高いはずでは?」と疑問に思う読者も多いのではないだろうか。

あるシンポジウムで、自動車メーカーの役員が「もし工場で一時間残業が出たら、すぐに何が悪かったのか、集まって検討し、そのロスをなくします。しかしホワイトカラーがその仕事をやり終えるまで一時間余計にかかったからといって、誰も気にしなかった」と言っていた。

このように、ホワイトカラーの生産性を計るのはすごく難しい。業務効率化と生産性もまた違うものだろう。単純に「ロスをなくし、コストを下げて、効率を上げたらOK」というものではないからだ。

生産性に関して、濱口秀司さん（USBメモリなどの発案者であり、元パナソニック、Ziba戦略ディレクター）の記事があったので参考にしてみたい（濱口・二〇一七）。まずブルーカラーの生産性は単純に「足し算」できる。鉛筆を一時間に一本作る人と二本作る人がいたら、二本の人のほうが生産性が高い。そして、「1＋2だから、この工場の生産性は3です」と計算できるという。

しかし、ホワイトカラー、ナレッジワーカーは違う。数値で計りにくいし、しかも足し算ではなくかけ算だという。

「ナレッジワーカーはコラボレーションとかシナジーとかで、もっとすごいものを作れ、1＋1を2以上にせよと言われているわけです。だから足し算ができない。むしろ、かけ算。ナレッジワーカーのもうひとつの特徴は、AさんとBさんの仕事の内容がそれぞれ異質であること。Aさんは R&Dの専門家かもしれないし、Bさんは経理の専門家かもしれない。要は異質な専門家たちが集まり、お互いのプロセスやアウトプットが見えないのに、1+1を2以上にせよというのがホワイトカラーです。これは、決定的に違います」

今の日本に求められる生産性はまさにこちらの「かけ算」のほうで、しかも一人ではなく異質な人のかけ算で、すごいものを作れ、付加価値を高めろという要求だ。つまり、ダイバーシティとイノベーションが必要とされている。

生産性を上げる二つの方法は①コスト削減②付加価値の向上で、日本は①ではなく②が足りない（伊賀・二〇一六）。

働き方改革は、異質な人がチームで成果を上げ、イノベーションを起こし、付加価値の高い商品やサービスを創出するために必要だし、有効なのだ。短時間で成果を上げるために、業務効率を上げよう、という意味での生産性の議論もある。しかし、本章で強調したいのは、働き方を変えることで、逆に生産性がアップするという連関である。

イノベーションが起きざるを得ない環境のつくり方

生産性を高めるために必要なイノベーションとは何か？　どういうチームなら起きるの

か。「イノベーションとは何か？」のおもしろい定義がある。「見たことも聞いたこともないこと」「実行可能なこと」「賛否両論を巻き起こすこと」（濱口秀司氏）「Thinking outside the box」（慶應ＳＤＭ〈システムデザイン・マネジメント研究科〉）。

また、イノベーションはどういった場で起きやすいのか？　慶應義塾大学の大学院ＳＤＭ研究科のセミナーで、イノベーションの強制発想を研究している先生たちの講義から印象的なことを拾ってみた。

【①多様性はイノベーションの価値を高める】

多様なチームの成果の一部はイノベーティブである。ただし、パフォーマンスの平均は均一な集団に劣る。

【②社会的感応度の高さとイノベーションは正の相関がある】

女性がいるチームのほうがイノベーションとの正の相関があった。なぜならイノベーションと社会的感応度の高さは正の相関があり、女性のほうが社会的感応度が高いから。

【③まずは「いいね」の文化】

この公開講座のワークショップでは、誰かが発言したらまず「いいね」を言おうということが決めごととなる。今ダイバーシティに加え、「インクルージョン」という言葉が注目を集めている。インクルージョンとは、一人ひとりが異なる存在であることを尊重し、それぞれの能力を引き出して組織で活用すること。「包括」といった意味を帯びる。「ダイバーシティ」が多様性を指すのに対し、「インクルージョン」は多様な人材がお互いに関わりを持ちながら一体化している状態を指す。

P&Gジャパンのスタニスラブ・ベセラ社長と対談した際、ベセラ社長がしきりに言い続けていたのが、「ダイバーシティだけではなく、インクルージョンがないとダメです」ということだった。「良い商品やサービスをつくるためには、たんに、いろいろな人がいるだけでは意味がない。たとえば、女性がいるだけでなく、会議できちんと発言できるような環境がなければならない」というのだ。

これこそインクルージョンであり、まさに心理的安全性と一直線につながってくる問題であると思う。

悩みの多いマネージャーが強いチームをつくるには?——

つまり、イノベーションの起きやすい場とは「多様な人がいて」「女性がいて」「誰もが安心して発言できる場」ということだ。働き方改革が生産性をアップさせる理由はここにある。働き方改革によって、さまざまな人材が力を発揮できるようになれば、おのずとイノベーションが起きてくるということだ。

しかし、そんなチームを持っている上司は少ない。誰もが悩んでいる。

「うちのチームはワーママは申し訳なさそうに五時に帰るし、その分の仕事を引き受けた独身がブツブツ言うし、電通事件以来若手はさっさと帰って、管理職ばかりが残業だ。上からはやれイノベーションだ、生産性だと言われるし、チームはギスギスしている……。いったいどうすれば？」

こんな悩みを持つマネージャーは多いだろう。

グーグル社では「生産性の高いチーム」の五条件を研究している。その中でも群を抜いて重要だったのは「心理的安全性」だ。岩村水樹さん（グーグル専務執行役員CMO）は心理的安全性についてこう言っている（図4）。

「チームメンバーが『発言や質問、失敗するリスクを取れる』と感じられる」

「チームメンバーが『お互いに本来の自分をさらけ出せる』と感じられる」

図4　チームの高い生産性を保つ5つの要素

1	心理的な安心感	本来の自分が受け入れられるという安心感
2	信頼性	チームメンバー間での相互信頼
3	組織構造と透明性	チームの役割や目標が明確
4	仕事の意味	自分にとっての仕事の意味を実感
5	仕事のインパクト	チームが自分の仕事をインパクトあると思う

※グーグル社作成

前述のイノベーションの条件に「見たことも聞いたこともないこと」があるが、そういったアイデアを発言するのは勇気がいる。また「賛否両論」がないといけない。

自分のチームや会社の会議はどうだろうか？一番下っ端、一人しかいない女性が発言できる空気があるだろうか。また発言したとしても、まずは「いいね」を言うような会議だろうか？「うちは同じ年齢の男性だけでダイバーシティがない」と嘆くマネージャーもいるだろう。慶應SDMの講座でも、同じ話が出ていた。先生たちの回答は「同じような男性の同質な集団でも多様性はあります。プライベートが同じ人はいない」ということだ。岩村さんが書いているように「本来の自分をさらけ出す」ことができれば、同じ人間

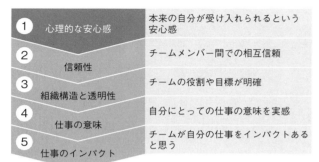

などいないので、そこには多様性が必ずある。

グーグルの一番生産性の高いチームは、チームリーダーが「進行性のガン」であると告白したという。彼の話を聞いて、「じつは私も」とさまざまなカミングアウトがあった。

また、某商社で介護を担う可能性のある人を調査したら、予想を遥かに上回る数だったという。「本来の自分」をさらけ出すことがあれば、子育てだけでなく「介護」や「病気」など、さまざまな事情があることがわかるはずだ。お酒の席だけが共有の場ではない。

今までは「プライベートを会社に持ち込まない」「滅私奉公、同質性が大事」というのが日本の会社文化だったが、それが強みだった大量生産の時代は終わった。これからは強いチームをつくるために、「ダイバーシティがあり、心理的安全性の高い」チームをつくることが必要となってくる。そのための「働き方改革」であり、長時間労働是正なのだ。

生産性の高いチームはこう設計する

静岡県立大学で経営学を教える国保祥子さんが始めた「育休プチMBA」という勉強会がある。育児休暇中の女性に経営学を学んでもらおうというものだ。ここで時間に制約のある人材が活躍できる職場を突き詰めて考えたときも、やはり出てきたキーワードは「安心」と「やりがい」だったそうだ。

「安心」とは両立支援、「やりがい」とは活躍支援で、「両立」と「活躍」の両方が支援されない職場では、時間制約のある人材は活躍できないのだ。

時間に関係なく、きちんと評価されるフェアな環境を整える。これが本当の活躍支援だ。一方の両立支援は、「子どもが急に熱を出したため休みたい」といった突発的な出来事に対処できるようなチームをつくることだ。資料がクラウドに上がっていて、そこにアクセスすれば、自分がいなくても、誰かが代わりにできる。外からでも連絡して、「ここに資料がありますから、よろしくお願いします」と頼めるようにする。営業なら、担当を二人つける。一人がいなくても、仕事が回る環境をつくる。ある中小企業では「一人三役」ができるように社員を育成している。

もちろん両立支援は、育児中の社員に対するものだけではいけない。介護などの事情を抱える社員もいるだろう。独身の社員にしても、たとえばＡＫＢのライブに行きたい、デートや遊びに行きたいという日もあれば、社外で自己研鑽したい日もある。それぞれが大事なことはみな違う。それを共有できる風土があることが重要だ。

このように「ワーキングマザーが生き生きと活躍できる職場」を基本にして設計するこ

とが、結果的にさまざまな人材を活かすことができ、一番生産性の高い職場をつくることになる。

グーグルのような、やりがいが高いと思われる職場でも、「安心」というキーワードが求められている。「やりがい」と「安心」は、今後ますます、大きな意味を持つようになるだろう。

長時間労働是正で社員の「関係性の質」が上がる

「心理的安全性」や「安心とやりがい」がなぜ、組織全体の結果につながるのか。WLB社がコンサルティングした（株）SHIPSというアパレル小売り企業の例がある。八カ月間コンサルに入り、深夜労働三八パーセント減、残業時間二五パーセント減を会社全体で達成した。年末でも売上げは伸び、労働時間は前年比八割になったという。WLB社は店長への研修でまず「お客様第一だから残業は仕方がない」という意識に働きかけ、各店舗では「カエル会議」で、働き方の課題を出してもらった。毎日十分程度の会議を開き、日々課題の改善を行なった。中には残業ゼロを達成した店舗もある。店長たちに衝撃を与えたのは「『お客様のために』という理由よりも『店舗スタッフ同士のコミュニケーション不足』『店長のマネジメント力不足』が原因の残業の方が多かった」(「毎日新聞」二〇一七年五月十七日東京朝刊)ということだ。

小室さんは「関係性の質を上げることで、接客の阻害要因になっていたことを率直に言い合えるようになり、環境が改善したことで接客の質が向上し成果が上がった」と言う。

ほかにも「社員が優しくなった」(アクセンチュア江川社長)など、長時間労働是正、働き方改革を丁寧に行なった現場では、職場で社員や上司との良好な信頼関係が築かれて「関係の質」が結果に結びついた例が出てくる。

生産性＝量＝時間ではなく、生産性＝質の時代に入ってくると、何が変わるのか?「量ではなく質」であることから、良質のイノベーションが起きなければいけない。量の作業はAIや自動化ツールがやってくれる。人間が良質のイノベーションを創出するには、前述のダイバーシティ・インクルージョンが不可欠だ。「多様なメンバーが尊重しあい、一緒に考え、意見を忌憚なく言える」という心理的安全性があるチームには、良質なイノベーションが起きる。

経営者の役割とはまさに、そうした「関係の質が高い」場をつくり上げることだろう。

アメリカにあるアンダーアーマーというスポーツブランドは今全米で注目され、伸びている会社だ。見学した人によれば「上司と部下がサンドバッグを叩きながら、テニスをしながら、ディスカッションしていた」という。なぜそんなことをするのかと聞いたら「Stay Fresh（つねに新しくあるために）」と言われたそうだ。今そんな「おもしろい会社」が伸びている。

「勝ち方」を変えるカギは新しい働き方にある

私はずっと「なぜ経営者は働き方改革をするのか？」をテーマにして取材している。その中でも特に積極的に話を聞いているのは「労働時間を自主的に規制し、長時間労働是正に取り組む」経営者だ。なぜかと言えば、「売上が落ちるのではないか」「社員が甘えるのでは」という疑問を誰もが持つ、過酷な課題であるからだ。ある会社の社長を務めた人が、しみじみと「残業時間を削減して、効率の良い働き方に変えるほうが良いのはわかっているが、どうしても勇気が出なかった」と語るのを聞いたこともある。

なぜ、あえてやるのか？　それぞれの会社に、それぞれの理由がある。しかし共通しているのは、福利厚生や目先の残業代抑制ではなく「戦略としての働き方改革」であることだ。喫緊の課題としては少子化の中の「人材獲得」および「生産性向上」で限られた人材の力を最大化することだろう。

過去の働き方への否定ではなく「勝ち方が変わった」だけで、一部の会社はすでに自覚的に動き出している。量から質の時代へと変わる。労使の関係性も変わる。それが「働き方改革」の本質になければ、改革する意味がない。

第二章——先端事例に「働き方改革」の実際を学ぶ

「働き方改革」、特に「労働時間改革」をやると、どういいことがあるのか？　何が成功のポイントなのか？　第二章では具体的な事例を挙げたい。トップ自らが旗を振り、ただの「時短」や「個人の能力で効率化する」だけではない、全社をあげての「経営戦略としての働き方改革」をすると、何が起きるのだろうか？

本章では、大和証券、アクセンチュア、サイボウズ、リクルートホールディングス、カルビー、かんぽ生命、さらに関西の企業連盟、地方自治体、先進的な中小企業の実例から、働き方改革先進企業の苦悩と、それをどう乗り越え、どういった成果があったのかを紹介する。なお、文中の肩書き等はすべて、取材当時（二〇一五年から二〇一七年）のものである。

もっといい仕事がしたくなる――大和証券の「労働時間改革」

これまで証券業界は労働時間が長く、体力的にも厳しいため、男性的な職場と思われてきた。その中で大和証券は、女性が働きやすい会社として、男女ともに学生からの人気も高まっているという。大和証券の改革はなぜ成功しているのだろうか。

その秘訣は「労働時間改革」に二〇〇七年から着手しているからだ。

最初は役員が大反対

「社長はいろいろおやりになりますけれど、これは無理ですよ。これだけは、はっきり言って無理です」

二〇〇七年から「十九時前退社」を励行している大和証券グループ。鈴木茂晴会長（二〇一五年取材当時）は社長に就任した後、「十九時前退社」に取り組んだ。しかし最初は役員クラスの反対にあったという。

働き方改革はまず反発を伴う。「どうせ仕事量は変わらない」「時短だけをうたわれ、かえってサービス残業が増える」。特に中間管理職世代にはしわ寄せがくる。「残業代が発生する部下は早く帰さないと上から睨まれる。結局仕事は自分がかぶっている」（大手商社・管理職）。そんな負荷を抱え、「早く帰れ」のかけ声にうんざりしている中間管理職も多い。今までと同じではいけないと言われても、どこから変えればいいのだろう？

大和証券も百年以上続く会社。不夜城だった証券会社のカルチャーを根本的に変えるのは、誰にも不可能に見えた。

しかし鈴木会長はできると確信していた。自分の若い頃の働き方を見直すと、いくらでも無駄がある。夏は暑ければ喫茶店、冬も寒ければ喫茶店、夕方会社に戻れば、夜のいつ終わるとも知れない残業に備えて、会社の近所にラーメン等を食べに行く。

「毎夜十一時、十二時まで働いているからひと休みしないと身体がもたない。終わる時間が決まっていたら、そんなバカなことはしないですよ。『若手は働きたがっている』というが、決められた時間内できちんと仕事をして欲しいと言っているだけです。『はい、試験時間は終了です』というのに、まだ試験で答案を書いていたら不正と同じでしょう」

労働時間管理ができない管理職は転勤候補に

強い意思で十九時前退社を断行した鈴木会長だが、もちろん改革はすぐには進まない。

これまでも「時短」は言ってきたが、すぐにうやむやになってきた。「どうせいつもと同じだろう」と社員たちも様子を見る。最初はじっと見守っていた鈴木会長だが、一カ月半ぐらいしたところで、モニタリングした全部署の数字を見て、時間が延びている支店長に人事から電話をかけさせた。

「あなたは転勤候補になっていますよ」と。

瞬く間に社内に噂が広がった。「今度は本気らしい」と。今度は、帰れ帰れと部下を叱咤激励して時間を守るようになる。一年もたつと、今度は六時半、六時四十五分で終わる人が、かなり出てくる。働き方が変わり、本物に近くなってくる。今でもちょっと気を抜くと、すぐ「足が出る」と鈴木会長は言う。トップが常に言い続けることが重要なのだ。

「今の管理職以上の人たちは、私も含めて、とにかく遅くまで働いて、今の地位に行きついた成功体験を持った人がほとんどだからね。だから、『あと三十分やらせてください』と言ってくる。部下を許しているとどうなるか？　『あと三十分』と言う部下が可愛くなる。それがＤＮＡだからね」

お客様にどう納得してもらうか

しかし証券会社にはお客様がいる。ＢｔｏＣの企業が今までのビジネススタイルを変えるには、顧客というハードルもある。もちろん、大和証券でも営業マンからの反発もあった。

「うちの支店の売上を支えるお客様で、毎晩二十時に電話をくれという方がいるんです」

しかし鈴木会長は例外を認めなかった。

「誰もいない会社でぽつんと残るのは辛いぞ。ちゃんと会社の方針がこうなったからと説明しなさい」

「それでもダメだったら？」

「話しても納得してもらえないお客様は取引が打ち切りになっても仕方ない。そういうお客様は必ず最後にトラブルになる」

結局、それで顧客を失うことはなかった。トップセールスは、お客様と関係構築ができていて高い説明能力があるためトップになったので、きちんと納得してもらえるのだ。

最初は支店の鍵を閉めた後に来たお客様に怒鳴られたなどということもあったが、今はすっかり十九時前退社が当たり前となった。

労働時間にこだわるのはなぜか？　根底にはビジネスモデルの変質がある。大和証券は国内リテール（個人や中小企業向けの小口金融業務）が強い。リーマンショックもあり、売ったり買ったりで、手数料稼ぎだと言われた時代は終わったのだ。

「本当に時代が変わってきているんです。今は発想が非常に重要になってきている時代。

前日遅くまで働いて、寝不足の頭で会社に来て、いい仕事なんかできない時代になっている。インプットとアウトプット、両輪でいい仕事ができる。リフレッシュしているから馬力もある。時間を守って仕事をするのは、会社にとっても効率が良く、非常にプラスなんです」

逆に厳しい時代でもある。女性支店長にインタビューしたときは「アポイントを詰めるので走ることもある」と言う。しかし今のほうが断然生産性がいいという。「以前は、日々の仕事を回すだけで精一杯で、体力的にも辛かった。今はお客様への新しい提案がひらめく。いいセールスができます」。

評価を変え、自己研鑽で五十五歳以降も給料が下がらない仕組みに――

評価も変えた。今の大和証券で評価されるのは「新しいお客様、新しいお金をとってきた人」だ。

十九時前退社の時代に入社した社員もすでに十年になると、今度は社内のDNAが入れ替わってくる。

「年二回、人事に直接提出する評価に部下は上司の評価も書くんです。きちんと決められた時間で帰れないようなマネジメントをしていると労働時間管理が甘いと報告される。若い世代は、仕事は一定の時間で終えることが前提で、勉強など次の予定を入れている。二十分仕事が延びると、次の予定に二十分遅れるということですから」

改革を経て、生産性の向上や、女性支店長が全体の約二割になる、といった成果が出ている。社内出生率も上がった。

しかし子どもも大きく、早く終わっても居場所のない人たちはどうすればいいのだろうか？　ある上司は「毎日ジムで鍛えてマッチョになっている」という。ほかにも社員の自己研鑽が進んだ。ＣＦＰ（ファイナンシャルプランナー上位の資格）を持つ人が業界最多の約六八〇人以上になった。ＣＦＰは不動産を含めた相続関連の提案をするときなどに強みを発揮できる資格だ。

より勉強してもらうためのポイント制も始めた。

「うちの会社などもやはり中堅、三十代、四十代が支えているんです。しかしアンケートをとると、四十五歳以上になると勉強しなくなるというデータが出た。六十五歳まで働いてもらうので、あと二十年もインプットがないのは困る」

そこで、四十五歳以上の社員を対象に自己研鑽をすることにポイントをつけて、その数値が高ければ五十五歳以降の給与が下がらないような設計をした。給与が下がるのと下がらないのとでは違いが大きい。社員に積極的に勉強する姿勢が出てきた。

ただ「0時消灯」と旗を振るのは簡単だが、かえって現場に「サービス残業」や負荷を与えることになりかねない。制度や評価を変え「マインドではなくアクション」を変える仕組みが必要なのだ。働き方改革が定着するには辛抱が必要だが、百年続いた会社でもDNAを変えることができると、大和証券の例が示している。そこにはトップの強い意思と忍耐、「顧客への説明」「評価軸の変更」など、他業種の企業でも応用できるプロセスがあった。

「労働時間改革」で活躍しはじめた人材とは

大和証券は労働時間改革と女性活躍でも先進企業である。

一般職から総合職へと女性の職制転向を進め、二〇〇九年以降で約一〇〇〇人が職制転向者となっている。しかし、トップダウンの改革には最初は混乱もあった。池田亜美加氏（一九九九年入社／人事部人事一課副部長）は一般職入社で、女性活用のスタート時を覚えている。男女別々の課だったのに、突然資産運用コンサルタントとして男女で同じ研修を受けることになったのだ。

「同期の女性には後ろ向きの人もいました。でも、周りも『チャンスなんだから』と勧めてくれて、やってみたら何とかなったんです」

職制転向も最初は年数十人単位だったのが、一〇〇人単位で年々増えてきた。転向した人が活躍し昇進スピードも違うのを見て、「職制転向しそうもない」人も転向するようになっていく。

鈴木会長も当初は「事務の仕事が好きなので、異動させないでください」という直訴の手紙をもらったことがある。

「気持ちはわかるんです。でも時代が変わってきた。昔は現金や株券を店頭で受け渡しする作業があったが、今はキャッシュレスでバックオフィスの仕事が半減しています。すぐに営業をやらなくてもいいから、エリア総合職になりなさいと徐々に進めていった。今支店長をやっている女性も一般職から変わった人たちです」

二〇〇九年、大和証券は、業界の先陣を切って女性役員を一気に四人出したことで有名になった。複数人一度に役員を出したことには意図があった。大和には八〇年代にも女性支店長がいたが、一人だけだと、何か起きるとすぐに「やっぱり女性はダメだ」と言われた。その轍《てつ》を踏まないように、鈴木会長は役員に昇格する候補が複数揃うまで登用を待ったのだ。

女性に活躍してもらうには、丁寧なバックアップ、複数人を一度に登用し、環境を整えることが必要なのだ。

社員の生活の質を変えた十九時前退社という改革

二〇〇七年から十九時前退社を強く推進するようになった大和証券だが、取材した女性たちはみな「十九時前退社になったことは、大きい」と口ぐちに言う。

「十九時前退社になるまでは投資銀行部門では子育てをしながら仕事をしている女性はいなかった。今は続けられると確信が持てるようになりました」

十九時前退社は女性たちに「続けられる」という希望をくれた。

しかし鈴木会長に聞くと、この試みは女性のためではなかった。

「今は女性が活躍するためには時間のコントロールが絶対だと思っていますが、最初に十九時前退社を実施したときは、ただの営業改革でした。際限ない働き方をしていたら全然生産的ではないから、始めました。今はこれを続けないと女性は活躍できないし、働き続ける中で、一段高いところに行く人が出てくることもわかりました」

落合節子氏（一九八九年入社／青葉台支店長）は十九時前退社の効果を語る。

「私の頃は結婚退職が当たり前で同期は全員、子どもができたら辞めていた。ですが、十九時前退社になってからは子どもを持っている女性は圧倒的に働きやすくなった。今、支店に子どもがいる女性が三人いますが、時間管理を常に意識する働き方になると、自然に効率重視になり、疲れも残らない。育休中に昇格することもあります」

鈴木会長は、大事なのは「徹底的にやり続けること」と説く。

「改革で規模拡大だけを目指しているわけではないんです。なにより、社員がクオリティー高く、ロイヤリティも高く働いてくれることが大切なんです。会社が社員にムチ打つようなことをしてお客様に良い仕事ができるわけがない。うちのような会社は人がすべて。営業はやる気になれば一二〇パーセントにも二〇〇パーセントにもなるし、落ちれば八〇パーセント、七〇パーセントにもなる」

大和証券は「長時間労働慣行の是正」「評価の改革」「女性活躍」という三つの改革を行なった。市場環境の変化から、商売のやり方も変わる。何かを変えなければ生き残れないとすれば、女性の力を活かすことは重要だ。

「損して褒めてくれるお客さんはいません。相場が悪くなったとき、仕事が辛くなって専業主婦になりたいなという気持ちがちらつくかもしれない。子育てなどのハンディはあるけれど、女性も働いて、社会に対して義務を果たす必要がある。しぶとさ、折れない強さを大切にしてほしい。めげちゃいかんよ」。鈴木会長は二〇〇回以上支店を回り、女性たちに檄を飛ばしているという。

働き方改革ポイント

●百年の働き方を変え、十九時前退社を励行
●管理職の評価改革で、トップの本気度を知らしめる
●女性や高齢者、すべての社員が活躍できる仕組みを整備

コンサルタントが自社をコンサルすると
——社風を変えたアクセンチュアのProject PRIDE

朝も夜もなく働くというイメージの強いコンサルティング業界。優秀な人材を育てても、転職する人が多いのもこの業界だ。そんな中、大手コンサルティングファームのアクセンチュアはどう舵《かじ》を切ったのか?

高い離職率、長時間労働から抜け出すために——

「以前は、都心でしか働けないという先入観があったんです」

デジタルコンサルティング本部マネージャーの板野愛さんが、仕事をしながら眺める光景は、林立するビルではなく優しい自然だ。

板野さんは、佐賀県庁の仕事を、福島県会津若松市のセンターで受けて、それを東京・八丈島から管理する管理職。上司はシアトルが拠点。今の仕事場は八丈島の自宅だが、オン・オフがはっきりしている。ウミガメが泳ぐきれいな海もすぐそこにあり、夕日を見に行くこともある。

「じつは夫婦で八丈島に住むことになって」と上司に告げたときは無念だった。夫が家業を継ぐために八丈島への引っ越しが決まったが、ちょうど仕事がおもしろくなってきたところだったからだ。

退職するしかないと思っていたが、上司からは意外な言葉が返ってきた。

「リモートで仕事が続けられるかもしれない。やってみれば？」

上司に背中を押され、始めたリモートワーク。やってみたら、リモートでつながるチームと、オフィスにいた頃よりも効率的に一日を組み立てることができ、生産性も向上。

「地方創生プロジェクトでも、自分の体験から、自信を持って移住やリモートワークを提案できます」

特に全社的に「プロジェクトプライド Project PRIDE」（後述、以下PRIDE）という名の働き方改革が打ち出され、周囲の空気も変わりつつあった時期で、「こんな働き方もあるんだ」と発信してほしいという声も増えた。

PRIDEの効果を、独身で時間制約のない社員も実感している。公共サービス・医療健康本部で、入社四年目ながら、二年目から部下を持つ田中えみさんは、初めから、ガツガッツ働く会社だと思って入社した。医療をITの力で変えたいという希望通りの仕事についており、「もともと『好きで働いている』派でした」と振り返る。

「結果を出すには時間を費やすしかないと思っていました。でも定時で価値を出すというアクションを促されると、じゃあどうするのか、とマインドも変わっていくんですね」

PRIDE以降、チームとしての生産性に、最大限の効果が出るように仕事を考えるようになった。朝十時、夕方四時、それぞれ二十分以内で、ホワイトボードでチェックしながら、立ったままのミーティング。「今誰が何をしているんだっけ?」「じゃあ、そこは私がやるよ」。全員の仕事を共有し、全員でブレーンストーミングする。合言葉は「生産性を上げる」だ。作業のオーナーはいても、誰が介入しても良いというルールもある。

「今は限られた中での最大の生産性を目指すようになりました。今まではオン・オフではなくハイ・ローで考えていた。でもPRIDEが始まってから、私もオン・オフで考えるように。そして自分だけでなく、チームも変わりました」

「人材がすべて」という原点に立ち返る

みなが「変わった」というPRIDEとは何なのか? 江川昌史社長がPRIDEを推

進する背景には、人材紹介会社からの率直な、しかしきつい一言があったからだ。「アクセンチュアさんに人材を紹介しにくくて……」。どうやら長時間労働が多く、働く環境があまり良くないと周囲に思われているようだった。そこで、二〇一五年四月から取り組み始めたのが組織風土改革「Project PRIDE」だ。「これはいかんと。会社を本当に変えないと。結局人材こそすべての会社なので、悪評がたてば、いい人もとれなくなってしまう。働き方改革だけでなくセクハラ、パワハラ防止、女性活躍を含めたダイバーシティの推進、人材のリクルートと、すべてを含めたチャレンジがPRIDEをスタートしたきっかけですね」。

ただの時短ではないし、リモートワークだけでもない。PRIDEのミッションを、「アクセンチュアで働くすべての人々が、プロフェッショナルとしてのあり方に、自信と誇りを持てる未来を創造する全社員イノベーション活動」と掲げた。

PRIDEで江川社長が改革のために絶対にやらなければならないと考えたことは三つある。ひとつは「時間に依存しない評価」だ。

「かつては納期の追い込みの時期には、毎晩遅くまでいることが価値が高いように思われていた。最後まで体を張ってがんばってくれた人がえらいと。そこで完全にアウトプット主義にした。同じアウトプットの量なら、早く帰った人のほうが有能であるというルールを決めたんです。これは結構変えるのが大変で、まだまだ古い慣習は残っています」

残業にもメスを入れた。特に、「残業を三十時間ぐらいしないと生活が成り立たない」というような、いわゆる「生活残業」はなかなか減らなかった。「そこで、まず全体の給料を上げました。ＰＲＩＤＥの推進が自分にとって不利益ではないと実感してもらうためです」。

二つ目は、ダイバーシティを阻む「アンコンシャスバイアス（無意識の偏見）」へのチャレンジだ。「二〇〇六年から取り組んでいる女性活躍もまだまだ改革の余地があった。今までは男社会の中で男性が甘やかされてきたので、トレーニングやマイノリティの体験をさせています。圧倒的に女性が多数のところに男性を送り込むなど」。

毎年三月、国際女性デーのイベントがあるが、二〇一七年は一〇〇〇人規模の女性社員が参加する会場に、一部の男性社員を送り込み、自分たちがマイノリティになることを体験させた。無意識にかけているバイアスは、トレーニングしてもすぐになくなるものではない。「今も一〇〇点満点中七〇点ぐらい」だが、前よりはだいぶ変わった。

三つ目は「お客様の協力」だ。たとえば夜八時に、顧客から「明日の朝までにこの仕事をやっておいて」と依頼されることもある業界だ。全部の依頼に対応すると働き方改革は難しい。「『我々は働き方改革、ＰＲＩＤＥを推進している。国の働き方改革の流れもあるので、ご協力いただきながらやらせてほしい』と提案書に書いています」。

クライアントファーストからクライアントバリューへ

とはいえ、最初は社員の中にも戸惑う人が多かった。

「コンセプトに反対の人はいないのですが、実際にどうなのか……という戸惑いはあった。入社以来『クライアントファースト』で仕事をしてきて、それ以外の価値をどう出せばいいのか。特にマネージャークラスは悩みます」と戦略コンサルティング本部マネージャーの込山努さんは言う。

江川社長も「管理職が辛い思いをする」のは織り込み済みだったと話す。入社五、六年目までの若い人は「早く帰れ」と言えば素直に帰る。しかし会社が求めているのは、たんに早く帰ることではない。十時間の仕事を八時間で終わらせる、つまり一・二五倍の生産性である。若い社員が生産性はそのままに早く帰ればそのツケは管理職に回ってくるので、「辛いときはすぐに助ける」とトップからメッセージも発信した。

「ＰＲＩＤＥがきっかけで、顧客のみならず、キャリア、プライベートの三つのバリューを上げるというメッセージをもらったと思っています。戦略コンサルタントとして価値を出すことに最大限時間を使うために、プロセスを楽にしたい。もともと自動化ツールなどを独自につくっていたのですが、それがＰＲＩＤＥの生産性アイデアコンテストで表彰されました」（込山さん）

効率は上がっても、ウエットな部分は必要だ。一体感を生むために込山さんのチームは、ランチは外で一時間一緒にとる。休日に、釣りやサバイバルゲームなど、誰かの趣味につきあう「アウティング」も行なっている。

「僕はちょっと威圧感があるかもしれない。でも今は入社一、二年目の人が『込山さん、ここ間違ってます』と指摘してくれる。言いにくい空気がＰＲＩＤＥのおかげでなくなった。仕事の手戻りも減り、この空気がクライアントバリューに直結するのです」

売上目標も時短も達成することを明言

改革の進捗《しんちょく》は数値化して共有し、生産性と時短への意識が浸透しているか、労働時間、女性の比率、離職率など、会社の「成績表」として突きつけられる。

「売上は目標がある。でも早く帰れとも言われる。どっちですか？　と聞かれますが、どっちも取るように言ってきました」。人事担当役員としてＰＲＩＤＥを推進してきた武井章敏さんは言う。「コンサルたるものハードワークが当たり前」という風潮もあり、最初は逆風だった。「とにかく毎日毎週毎月メッセージを出し続けた。八時間でお客様の期待に応えられないのはプロフェッショナルではない。日本のプロ野球の選手ではなく、メジャーリーガーになってくれと」（武井さん）

この改革は、社内のワーキングマザーの空気も変えた。「制度は整っていたのですが、うまく使えるかどうかは、以前は上司やその人のコミュニケーション次第で個人差があった」と二児の母でもある公共サービス・医療健康本部のシニア・マネージャー、大河原久子さん。今は時短で働き、ＰＲＩＤＥ以前から部署内で「女性活躍支援」のネットワーキングなどをリードしてきた。ＰＲＩＤＥで、午後六時以降の会議の原則禁止、短時間で成果を出すこと、短時間の会議がスタンダードになると、子どもがいる人の悩みだった長時間労働が解消される。

「復帰後一年で昇進したい人もいるし、夕方五時に帰りたい人もいて、ワーママも多様なんです。ワーママに限らず、全員のプライベートも大切にする多様性の風土の醸成へ、一気に会社が舵を切ってくれました。六時以降にメールは来ないし、男性マネージャーも在宅勤務で会議に参加したり、育休を取ったりする男性も多いです」

大幅に残業が減り、二桁成長を達成。社風も変わった――

PRIDEの進捗は、全社員に対して一五項目のアンケートを定期的に行ない、すべて社内で共有。以前はPRIDEにポジティブな回答は半数以下だったが、今では約七割になった。

大幅な残業の減少、離職率の低下、有給休暇取得率の向上など、数字にも表れ始めた。また、業績は二桁成長を達成し、従業員数も二〇〇〇名以上増加するなど、会社自体も好調だ。

「まだまだ道半ばですが、二年かけてやっと外に言えるような成果が見えてきました」と江川社長は話す。

「日本は世界一労働者が足りない国で、女性や外国人を活用しないというのはあり得ない。それを理解した男性社員はPRIDEの意義を感じ、心が優しくなってくる。もともとアクセンチュアは男臭いカルチャーの会社だったんですよ。それが、プロジェクトの副産物として、優しくなりました。クリスマスパーティーのときに家族やお世話になった人へのビデオメッセージを募ったんです。七〇〇人ぐらいの社員から一〇〇〇通のビデオメッセージが来ました。奥さんにありがとうとかね。以前なら考えられないことです。若手の中には『早く帰れる甘い会社』と勘違いするメンバーもいますが、じつは時間内の成果を求められる厳しい働き方。甘いと優しいは違うんですよ」

働き方改革ポイント

- ●クライアントへの提案書に、働き方改革への協力を求める旨も明記
- ●ＩＴ部門の常駐を減らして、センターへと集約。たとえば一〇〇社に一〇〇人必要だった仕事を八〇人でできる
- ●モニタリングで進捗の共有。管理職へのサポート体制の強化や自動化ツールの導入
- ●体育会系の男臭いカルチャーが優しくなった（心理的安全性の構築）

一人ひとりが「選べる」働き方を
――ウルトラワークで離職率が低下したサイボウズ

「一〇〇人いたら、一〇〇通りの働き方があっていい」――

四十代の青野社長はグループウェア国内シェアナンバーワン（※）を誇る上場企業サイボウズ（一九九七年八月創業）の経営者であると同時に、二〇一〇年から三回の育児休業を取得した三児の父、イクメン社長としても話題の人物だ。

青野社長とはインタビュー、セミナーなどで何度か一緒になっているが、「一〇〇人いたら一〇〇通りの働き方があっていい」という発言から、「未来の働き方」に近い経営をしている経営者としてずっと注目してきた。

サイボウズのユニークなところは、「働き方が選べる」ことだ。

サイボウズは二〇〇七年から「ライフ型」「ワーク＆ライフ型」「ワーク型」（二〇〇七年導入選択型人事制度）のように社員が給与と働き方を選択できる制度を持っている。な

※ノークリサーチ社「2016年版中堅・中小企業のITアプリケーション利用実態と評価レポート」グループウェア部門において

んとユニークな、と驚くと同時に理想的な働き方ではないかと思った。理由も育児だけではない。介護、ボランティア、勉強、副業など、個人の事情に応じて何でもいい。

しかもその選択もひと月ごとに変えることができる。今はさらに進化して「ウルトラワーク」という多様な選択になっている。サイボウズがこのような働き方を打ち出すに至ったのは、「必要に迫られて」のことだった。

働き方改革で離職率が五分の一に減少

サイボウズはＩＴベンチャーであり、青野社長は二〇〇五年四月に代表取締役社長に就任するが、自ら「今でこそブラックと言われるが」と認めるほど「昼も夜も関係なく働く、仕事で成長の喜びを味わうのがＩＴベンチャー」という企業風土で、労働時間も長かった。しかし社員の離職率が二八パーセントになってしまった。また、商品であるグループウェアを売るために新たな社員を入れると、採用と教育のコストがかかる。

「『これは無駄なことしているな』と思って、なんとかあまり辞めない会社にできないかなと」。そう思って導入したのが、ユニークな人事制度だった。

「別に僕が社員思いだとか、そういうことではなくて、単純に経営的都合から取り組んでいるんです。社員に聞いてみたら、最初は〝一攫千金ベンチャー〟みたいな雰囲気の会社で良かったが、みんな結婚したり子どもを持ったりして、体力的にも『さすがにずっと残業はきついよね』みたいな声が上がってきた」

社員のライフイベントに合わせて、会社も変化していくということだ。「六年間の育児・介護休暇」、在宅勤務、選択型人事制度などの導入で、離職率は目に見えて下がり、二〇一四年度は五パーセント弱。社員の四割が女性である。

青野社長にとって「働き方改革」の最初の目的は人材獲得だったが、自身の一人目の子どものために育休を取ったときに、「働き方を変えていくべきだ」と強く実感することがあった。

「一人目の育児休暇の二週間です。すごく辛くて……。本当に辛くて、二週間が終わるときには、完全に自信喪失していたんですよ。会社の情報はグループウェアがあるので家にいてもわかっちゃうわけです。でも、自分は目の前の子どもと向き合わなきゃならないので、何もできないんですよ。社長という肩書きが付いているくせに、会社でトラブルが起きても何もできない自分がそこにいて、育児が得意でもないのに子どもに離乳食をあげている。しかも、ほんの少し食べさせるのに三十分かけてるんですよ。そうやって追い詰められたとき、神が降りてきたように『これは次の市場をつくることと同じなんだ』と悟ったんです」

初めて経済と子育てがつながった瞬間だという。

「僕も以前は『子どもなんか持たなくていい』と思っていたんです。『育てるの大変そうだし』と。でも、みんなが子どもを育てなくなると、何もかも終わってしまいますよ。市場が消えてしまったら、商売なんて成立しない。僕らのグループウェアは、一ユーザー単位で売っているわけです。『人が減る＝ユーザーライセンスが減る』なんですよ」

社員が子育てと両立できるような会社にしないと、少子化は進み、次の市場はない。この単純な構造に気づかされたのが二週間の育休だった。第二子のときは、半年間にわたって一週間に一回育休を取った。これもユニークな育休の取り方だ。

「自分で選んだ働き方」が人に幸福をもたらす

今のサイボウズの働き方は、場所と時間を軸にした九種類の勤務形態から選択できる（図5）。育児中の女性だけではなく、すべての人が働き方を選べる。もともと青野社長は「二十四時間仕事をしたいが抑えている」ほどのワーカホリックで、常に「残業しないと

図5　サイボウズの選択型人事制度

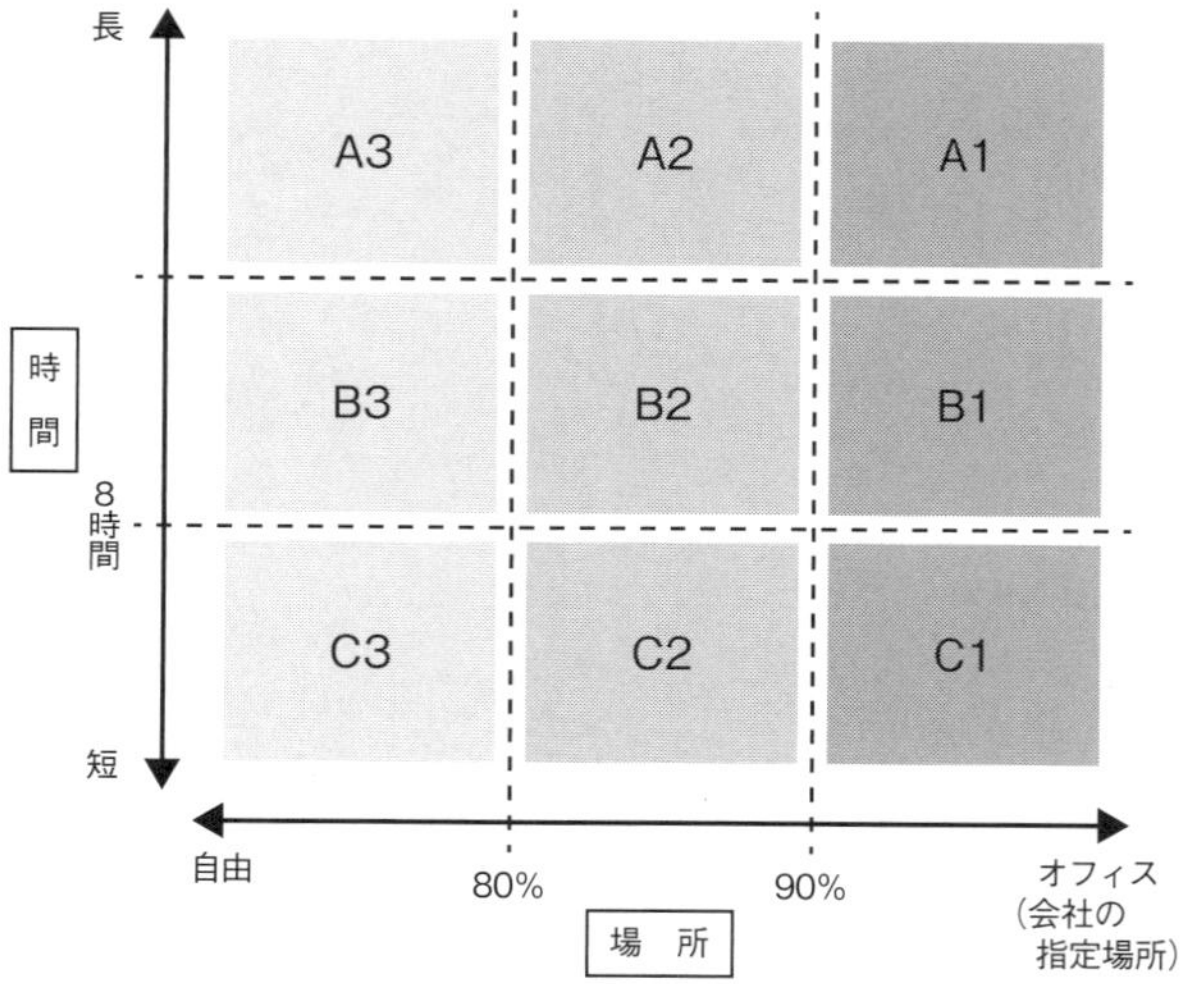

決めるのは働き方を縛ることだ」と発言している。サイボウズでは極端に言えば、「死ぬほど働きたい」人も「育児のために三時に帰りたい人」も共存できるシステムになっている。

最初は理解されず、社員からのクレームもあったが、やはりそこは丁寧に伝えていくこと、情報の透明性を維持することで、「わからないことや不満を溜め込まない」ようにした。

自社のグループウェア上には、社員の不満や疑問に適任者がしっかりと対応するさまざまな仕組みがあった。

たとえば、「あの人は『ワーク重視型』なのに休みが多すぎるのでは」という苦情が社内掲示板に上がる。その場合は人事も含め、社員が議論していく。人事が答え、さらに社員が意見を言い、「じゃあ、何日ぐらいの休みなら納得できますか？」と逆に人事が質問をしていくという具合だ。質問した人もしっかりと「質問責任」を取るのがサイボウズ流だという。多くの人が答え、平均六日という結果が出る。全員が多様性の中の落とし所を納得するのだろう。

多様な働き方への不満はこうして解決した

その議論のためのメソッドも研修のうちだ。

「社内では『問題解決メソッド』と言っているのですが、理想が高いから不満が出てくるわけで、不満があること自体は別に悪いことではないんですよ。それを問題として、ちゃんとフレームワークで説明できるようにすることも、議論のスキルだと思います。下手をすると、ただ感情的になって、お互いを傷つけて終わってしまいますから。

建設的な議論をするためのスキルを『問題解決メソッド』として、研修で教えています。新人が入ってきたらすぐに研修をし、社内でも日常的に使っているので、これを使って議論することが当たり前になっています」

仕事中に社員がこんな議論をするなんて、「なんという効率の悪い会社だ」と言う人もいるかもしれないが、青野社長は「長い目で見ると効率的」だと言う。本当の多様性を構築し、社員全員が納得するには、やはり手間暇をかけた道のりが必要なのだ。

「自分が会社で得たいもの」を意識する

しかし、これは決して優しい制度ではない。

「『サイボウズの働き方は厳しいものだと思っています』と掲示板に書きました。だって、いろいろな選択ができるということは、結局は自己責任ということなので。

社員に意識してほしいのは、『あなたはこの会社で働いて何を得たいですか？』ということです。僕は『報酬』という呼び方をしているんですが、自分が得たいものは、お金なのか、スキルなのか、仕事なのか、仲間なのか、働き方なのか……。一口に給与といっても、いくら欲しいかは人によって違う。僕は、欲しいものを社員一人ひとりに自覚させたいんです」

自律的なキャリアと言われるが、日本の企業で本当に「自律的なキャリア」を構築できるところは珍しいと思う。海外では、自律的なキャリアは転職によって得られるという考え方もある。だが、「ひとつの会社で長く働く」ことがベースになっていて、職の流動性の低い日本では、そのような姿は実現しにくいという側面もある。「働かされている」「自分では選べない」と思いながら、働いている人が多いのではないか？

サイボウズのような会社も、日本に生まれてきていることをぜひ知ってほしい。やはりサイボウズが具現化しているような、「自分で選んだ働き方」が、人に幸福をもたらすように思えてならない。

働き方改革ポイント

- ●多様性を重視し、「一〇〇人いたら一〇〇通りの働き方があってよい」という人事制度
- ●多様な働き方を実現すると評価が難しい。市場の評価指標を基準にする
- ●社員の不満は「問題解決メソッド」を使って議論することで解決

モーレツ企業がテレワークでこんなに変わった
——リクルートの「働く場所」改革

突然の雪に見舞われて駅は長蛇の列。寒い中、駅構内にも入れずただ並ぶだけ……。雪に弱い都会では、こんな光景がよく見られる。「本当に会社に行かないと仕事ができないのか？」という疑問を感じるときではないだろうか。

「この三時間、家やカフェで働けば生産性が上がる」と考える人と、「まずは、何としても会社に行かねば」と習慣的に行動する人がいるはずだ。

「大雪の日に通勤途中でこれはダメだと思い、カフェでのテレワークに切り替えました。前日から『明日は無理せず、できればテレワークで』と通達が回っていましたから」

こう答えてくれたのはリクルートホールディングスの「働き方変革プロジェクト」メンバーの栗崎恵実さん（広報部）。

リクルートホールディングスは、上限日数なし・すべての従業員を対象としたテレワークを二〇一六年一月より本格導入していた。テレワークを本格導入していたおかげで、直後の大雪の日のテレワークが可能になったわけだ。先行導入していた会社も含め、グループ内の四社三〇〇〇名がテレワークの対象になっている。

リクルートといえば、「やり切る」がスローガンの社風。その猛烈な働きぶりは伝説になるほどだ。リクルートは女性活躍で有名な企業だが、同時に「男女問わず長時間働くことが求められるマッチョな職場」というイメージもあった。

リクルートが変わる。しかも柔軟に！　それは私にとって良い意味のショックだった。

テレワークで仕事の質が上がった

ただ、私には「長時間労働企業が、そのままテレワークに突入すると、家で死ぬほど働いてしまうのでは？」という懸念があった。その疑問を直接ぶつけてみた。

「会社で八時というと、まだまだこれからという感じでした。でも在宅で八時まで働くと、もう遅くまでやったという感じがする」

これが、実証実験を経た人の実感だった。集中の度合が違うのだろう。

テレワークを導入すると実際にどんな生活になるのか、聞いてみた。

「会社以外では、自宅やカフェ、サテライトオフィスを仕事場としています。テレワークの日は主に、保育園から近くのカフェに行って仕事、お昼頃に帰ってきて昼食をとり、午後は自宅で仕事というパターンが多いです」（栗崎さん、一児の母）

「自宅でのテレワーク時は、書斎やリビングで仕事をしています。朝八時に上の子を保育園に預けたあと、八時五分から仕事が始められるんです。昼十二時まで集中すると、かなり疲れてくる。お昼は外食し、午後はカフェか自宅で仕事。週三回は保育園に迎えに行けるようになりました。また、毎週金曜日、大学の社会人向け講義に通い始めました」（林さん、広報ブランド推進室室長兼「働き方変革プロジェクト」リーダー、二児の父）

ほかにも、こんな意見があった。

「大学でお世話になった先生を久しぶりに訪ね、担当している業務に関する最新の知見を得たり、意見交換ができて視野が広がった」

「家で仕事をしていると、外に出て誰かに会いたくなるので、自らインプットの機会を探すようになる」

リクルートホールディングスは、テレワーク導入前に実証実験を行なっている。テレワークの効果・課題を明確化し、改善したうえで本格導入を進めるためだ。

参加者の八八パーセントがテレワークの効果を実感していることがわかった。

また会社へのロイヤリティも上がった。「家族や友人に対しても、働くことを勧められる」という項目が一二・三ポイントも上昇したのだ。現在の会社で働き続けたい、また近しい人にも勧められるという意味で、人材戦略としても効果的だ。

これだけの効果が出せたのには、「まずはやってみた」ことが大きいだろう。「週に一回、テレワークの日」などの導入はよくあるが、「出社制限」までして、週一、二回しか会社に来させないようにした。これは大きな賭けだった。しかし振り切った結果、「テレワークは、もうやめられません」という声がアンケートで多数出ているのだそうだ。

食わず嫌いになっている人には、「まずやってみる」ことが重要だ。しかし、運用については、「初めからきっちりと決めず、問題点をあぶり出しながら柔軟に見直しをしていくこと」が必要となる。

テレワークであぶり出された問題点

実証実験の結果、問題点もたくさんあぶり出された。

①労働時間が減らない人もいた

これは、ツールが「出社向け」の仕様であったことが原因だった。この問題は、クラウド環境への移行、ICTへの投資で解消された。

②「テレワークをするか、しないかを誰が決めるのか」が問題に

これも、議論が必要だった。申請に対して「OKを出すルール」か、「NGを出すルール」にするかは重要だ。NGの場合はマネジメントサイドに「なぜNGなのか」の説明責任が生じる。ほかにも「前日までに報告すること」といったルールが設定された。

③生産性の問題

こちらについても「生産性が落ちたのは夜二十二時以降」などの意見があったが、夜の業務を禁止にすると「子どもが寝た後のお母さんが働きたい時間はどうする?」という問題も出てくる。労働基準法での「深夜残業」にも触れるので、このあたりは法律との兼ね合いも必要になる。ほかにも、

「自宅以外の拠点の整備（サテライトオフィス）が必要」

「コミュニケーションが少なくなる」

「会議が、出社する一日に集中しすぎる」

といった課題も出てきた。課題は導入前に検討され、改善され、また不具合があったら改善するという柔軟な方向で進んでいる。

注目すべきは「仕事の質が変わった」「行動習慣が変わった」こと。グループで「開店閉店メール」を送り合い、その日の仕事の内容と進捗状況を確認するルールが自然に発生した。業務の「捨てる」「見直す」への意識も高まった。

会議の効率が格段にアップ

一番変わったのは会議だそうだ。

「ホワイトボードでブレーンストーミングする会議は直接会ったほうがいい」「共有のための会議は、気になった点だけメールやチャットすればいい」

以前は情報共有に三十分もかけていた。しかし会議の効率を考えて、事前の資料は五分でわかるものを送るやり方に変わっていった。

会議資料も減り「論点設定」も深化する。起案者は「今日のポイントはここです。ここだけ説明します」と何を捨てるかを選択する。余った時間は新しい課題を討議できる。

テレワークとフリーアドレスの相乗効果とは

リクルートは、テレワークの導入と同時にオフィスもフリーアドレスに変えた。このようにしたのは、「隣の人はまったく姿を見せないなどの不満が出るのを防ぐため」だった。今も「違うグループの人がどこにいるのか、出社しているのかがわかりにくい」などの問題が出てきては、その都度改善されている。コミュニケーションスペースを社内各所に配置したことで、部署を超えた交流から新しいアイデアや企画が生まれることもある。

導入後（二〇一六年十二月）の効果は以下の通り。リクルートマーケティングパートナーズ（RMP）では、二〇一五年度下半期から全社にリモートワークとフリーアドレスを導入。深夜残業は五六パーセント減、休日労働は四四パーセント減（二〇一五年度時点／二〇一三年の導入前に比べて）。テレワーク活用状況は六二・八パーセント。生産性への意識向上は八九・一パーセント（二〇一六年度時点）。

ただリモートワークを導入しただけでは、労働時間は減らないが、「なぜ働き方改革なのか？」を計三十時間かけてミドルマネジメント層と議論した。

導入のコツは「まずは全員でやってみる」こと。そしてルールは「プロジェクトチームではざっくり&各組織ではじっくり」決めるのが良いという。

常に問題をあぶり出し、柔軟に変わっていく。テレワークの導入の仕方そのものが、まさに「柔軟」になっていることがよくわかる。

リモートワークの課題は「食わず嫌い」。たとえば、日本マイクロソフトはリモートワークの環境も制度もあったが、あまり使われていなかった。外資ではあるが、働くのは日本のサラリーマン。つい会社に来てしまう。そこに起きたのが東日本大震災だ。当時の樋口泰行社長が「二週間出社停止。世界のどこでもいいからリモートで働いて」と宣言した。期せずして全員が経験することに……。その結果、「もうリモートワークはやめられません」となったのだ。まずは「全員でやってみる」。「忙しい上司ほど体験してみる」ことが習慣のハードルを超える鍵だ。

働き方改革ポイント

- 出社制限までしてテレワークを徹底。まずはやってみること
- 業務の見直し、会議の効率化で、残業時間減。オフィススペースの節約
- 会社へのロイヤリティが高まった。「今までで一番働きやすい」を実現

働き方改革が低迷商品の売上V字回復につながった
――カルビーのダイバーシティ経営戦略

カルビー代表取締役会長兼CEO松本晃氏は、伊藤忠商事から一九九三年にジョンソン・エンド・ジョンソンメディカル（現ジョンソン&ジョンソン）に入社。二〇〇九年六月にカルビーの代表取締役会長兼CEOに就任して以来、同社を連続して増収増益に導いた。

「ダイバーシティはライフワーク」「女性の活躍なしにカルビーの将来はない」と強く発信する経営者として知られている。ダイバーシティを進めるためには働き方の変更が必要と見抜き、積極的に就業制度や社内風土の改革を行なってきた。

そのかいもあり、二〇一〇年当時は五・九パーセントだった女性管理職比率が二〇一五年四月には一九・八パーセントと、三倍強になっている。

働き方改革が進み、女性が力を発揮しやすくなったことで、売上が六倍にもなった商品がある。「フルグラ®」である。同商品の売上は長らく三〇億円台で頭打ちが続いていたが、働く女性の視点を取り入れ、販売戦略をテコ入れ。それが功を奏し、フルグラの売上は二年で一〇〇億円に、四年で六倍にもなった。二〇一六年度には二九二億円もの売上をたたき出す主力商品に成長を遂げたのだ。

外資系トップからカルビーに移ったときにまず松本会長が感じたのは違和感だった。約一〇〇〇〇人いる社員の四割が女性なのに、ちっとも女性が活躍していない。

「それを誰も意識すらしていなかった。だから僕が来て『ダイバーシティ』とか言い出したときには、『ダイバーシティって何だ？』と。聞いたこともないし、喰ったこともないという感じでしたよ」

しかしグローバル企業を経験している松本会長にとってはダイバーシティ、特に日本では活用が遅れている女性の力を使うことは選択の余地もないことだった。

「会社の経営者としては、男女同権とかそういう問題じゃない。女性を使わないと会社はもたないんです。世界の企業は、そんなことはもうとっくの昔にわかっている。男であろうが、女であろうが、国籍、宗教、年齢、一切問わず、優秀な人を使わないともたない。それがグローバルな競争社会です」

松本会長の語りからはダイバーシティを推進するベースとなる強い危機感が感じられ

る。

「グローバルな競争の中で、日本は勝っていかないといけないわけです。昔は『勝つか負けるか』だったんですが、今は『勝つか死ぬか』なんですよ。かつては日本人だけで、護送船団方式で、勝ち負けはあってもみんな残れたわけでしょう。今は残れないんです。負けたら死ぬしかない。そうなると使えるリソースはすべて使わないと」

その使えるリソースの中で、今もっとも可能性があるのが女性という存在なのだ。

「女性は会社のエンジンですよ、女性を活用していない会社は、二つエンジンがあるのに、一個を使っていないのと一緒です。使わないとダメになるのは当たり前。日本の半分は女性なんだから、一番大きなエンジンなんです」

社員の行動を変えた三つの仕掛け

その危機感を社員に共有させ、行動変容を起こさせるにはどのような仕掛けが必要だったのか。ダイバーシティの推進には、（1）理解、（2）納得、（3）行動の三ステップを丁寧にやっていくことが大事と松本会長は言う。二〇一〇年から社長直下のダイバーシティ推進室を立ち上げた。

「時間がかかる、長い旅路となるのは覚悟の上です。それはやっぱり一人ずつ、話をしていくしかないんです。ダイバーシティフォーラムをやったり、地域、職場単位であらゆるミーティングをやったりしていると、だんだんわかっていく。ある程度『理解』しているところからコミットしてもらう。すると意外と人間、ちゃんと『行動』に移すんですよ」

トップの絶え間ない発信は、カルビーが短期間で変化する原動力となっているだろう。

仕事を属人化しないための制度

松本会長は非常に魅力的な発信者でもある。氏の言葉はどれもシンプルで印象に残る。

「会社は時間なんか求めていない。成果を求めている。就業時間なんか決めるな、と。みんな朝早く来て、もっと早く帰れと言っています」

「工場の人の多くは時給ですから自由に帰られては困りますが、そもそもWagedとSalariedというのは違うものです。Salariedは、要するに成果を求めているので、仕事が終わったら昼の十二時でも一時でも帰ったらいい。あとの時間を何に使おうと、そこは個人の自由ですが大事なところです。趣味や家庭のことや勉強をもっとすればいい。カルビーの社員には、グリコじゃないけど一粒で二度おいしい一日を味わってほしいんです」

会社はフリーアドレス制で、座る席は四時間ごとにコンピュータが決める。これも仕事を「属人化しない」ために有効な制度だ。フレックス、在宅勤務、再就職を支援する制度もある。働き方改革といっても難しいことではなく、時代に合わない古い労働慣行をひとつずつ変えていく。

二〇一七年からは無制限テレワークに踏み切った。すでにフリーアドレス制だったので、「部下の顔を見ないと不安」「誰が何をやっているんだ」という反発はない。

経営戦略としてのダイバーシティ

松本会長は仕事と賃金、女性と賃金の関係についても発言をしている。「やりがい」や「成長」という美名に流されがちな女性の仕事と賃金への意識の問題だ。たとえば、女性が管理職になりたがらないという問題について聞いてみたら、こんな答えが返ってきた。

「昇進を言われた瞬間は断るかもしれません。でもそれは本音とは違います。男は何か知らないけれど偉くなりたいんで『ハイ』と即答します。女性は賢いから断る。女性は頭がいいから責任と報酬が見合っているかを計算できるんです。たとえば、明日から年収一億円と言われたら、女性だって管理職になると思います。日本のダイバーシティが進まない理由のひとつは、責任と報酬のバランスが悪いんですよ。偉くなって残業手当がなくなったりすると、逆に損になる。男性はアホだからね、給料が減っても偉くなりたい。でも女性は違う。男性は地位が好き、女性は意外とお金が好き、それだけの違いです」

女性にはもう一つ大切なものがある。「時間の裁量」だ。管理職報酬を上げることが難しければ、せめて「時間の裁量」を与えるという手もある。

共働き社会についても、松本会長はこう述べる。

「世界との競争が始まったから、昔みたいに男だけにたくさん払うことはできない。これは日本の企業全体の問題です。夫婦で働いて生活をやっていくしか手がないんです」

「ダイバーシティは利益につながるのか？」とも聞いてみた。

「利益は出していくしかない。変革はチャレンジであり、リスクが伴うに決まっています。カルビーでダイバーシティをやった結果、カルビーの業績が悪くなったら、僕はクビになる。そのリスクを取って推進しているわけです。ダイバーシティをやらない限りは経営はうまくいかない、そう信じているからやるんです」

意地でも利益を出し続けるという松本会長だが、トップがこれだけの覚悟を持ってダイバーシティをやっているのだ。

「会社はね、儲けたらいいわけじゃないですよ。カルビーのビジョンは、一番は、顧客と取引先。二番は、従業員と従業員の家族。三番目は広い意味でのコミュニティ。株主さんは四番なんです」

働き方改革ポイント

- 働く女性の視点を取り入れ、低迷商品の売上が約十倍にアップ
- トップ自ら、ダイバーシティ推進への強力なコミットメントと社内外への発信
- フリーアドレスから、無制限テレワークへと進む。仕事を属人化しない

管理職の意識が変わり、残業二割減
——かんぽ生命の働き方見直しプロジェクト

前年から二〇パーセントの残業時間削減を行なったかんぽ生命では「朝メール夜メール」を送り、一五分から三〇分単位の「業務」と「時間」をセットで一日の段取りをチー

ムで共有する。二時間と見積もった仕事が意外と三時間かかっていたり、上司の優先順位と違っていたなど、さまざまな気づきがある。

社内の「長時間労働をいとわない文化」を改革

損保ジャパン（現・損保ジャパン日本興亜）からかんぽ生命に招かれた石井雅実社長（二〇一六年取材当時）が「労働時間改革」に取り組んだのは強い危機感と課題意識からだった。かんぽ生命の社員は、元は公務員。長時間労働を美徳とする文化が根強く、社長になってみたら、課題が山積していた。

「マジメに一生懸命やっているのに成果と時間が連動していない。残業は右肩上がりで、休日も見ると誰かが出てきている。五日間の仕事を六日間でやっているわけです。メンタル疾患の増加、介護を担う可能性のある社員が三六・八七パーセント、このままではまずいとわかったんです」

社長就任時から「必要な採用数が確保できない時代に備えて、一人ひとりの能力を上げて、時間内でチームワーク良く仕事をしていくことを根付かせたい」と悩んでいた。

「僕が責任取るから、水曜日は完全に定時退社にしよう。十九時半以降は原則残業禁止」

とした。精神論ではなく、最初は形を決めるべきだと思ったのだ。経営者セミナーで小室淑恵さん（ＷＬＢ社社長）と出会い、二年前からコンサルティングを受け、現在は残業の二割削減に成功した。

仕事の棚卸しで、プロジェクトを削減

具体的には「業務と時間のセットでの見える化」や「集中タイム」のプラカード、会議の効率化、やめる仕事の見直し、管理職の仕事の見直し、評価の変更などが行なわれた。「マネージャーが時間の管理をする、という意識がまったく欠けていた」と石井社長も驚いていた。また、できる人に仕事が集中して属人化している。まずは本社の仕事の総棚卸し。一〇〇本あったプロジェクトを整理し、一〇本にまで削った。

石井社長は仕事のやり方を変えるために一番重要なのは「管理職の意識」だと言う。意識を変えるのは「評価」だ。

管理職の評価にも「管理者のもっとも重要な仕事は社員を育てること」として「効率的に仕事をして成果を出す社員が評価されるべき」というポイントを入れた。

また管理職のラインも整理した。ラインを持たない管理職には残業代ではなく管理職手

当がつくようにした。残業代ありきの人生プランではなく、仕事で成果を出して、昇進して処遇が上がっていく。人事制度も評価の面も、構造を変えたのだ。しかし「評価の変更」については労働組合などの抵抗も強い。三年がかりの折衝だったという。さらに大胆なＡＩへの投資も進めている。石井社長は米ＩＢＭ本社に飛んだ。「ワトソン（人工知能型コンピュータ）を日本語で運用するなら、うちの会社とパートナーを組みましょう」と口説いたのだ。

「とにかく人材力の会社なんです。社員を一番大事にするから、会社がやろうとすることをよく理解してほしいと言っています」

働き方改革ポイント

- ●コンサルタントを入れて、数チームから取り組み、結果を共有し辛抱強く全社に広げていく
- ●管理職の評価に「部下の育成」「効率的な仕事」を加える

関西の「昭和な職場」も改革中！――ダイバーシティ西日本勉強会

「そういえば、うちの育児中の男性から、早帰り日をなくしてくれっていう苦情が出たことがあったわ」

これは関西の大手企業五〇社が参加するダイバーシティ西日本勉強会の「育児勤務者キャリアアップ」チームの勉強会で飛び出した逸話だ。

某企業では毎週ノー残業デーが実施されている。しかしその日になると「さあ、飲みに行くぞ」という上司のかけ声のもと、ぞろぞろ連れだって繁華街に繰りだす。

「早帰り日は上司の頭の中では『飲みに行く日』になっている。毎週誘われて苦痛なので、いっそ早帰り日をやめてください」と、人事に対して、子育て世代の三十代の男性から切実な悩みが寄せられた。

ちなみに、この男性、「早帰り日」があることは奥さんには内緒。知られたら、「なんで帰ってこないの！」と激怒されるから……。

若い部下がなかなか飲みにつきあってくれなくなった東京と違い、まだまだ関西は「昭和」の職場の雰囲気が濃いようだ。男性の育児参加に理解がある上司もあまりいない。「この上司が奥さんの上司だったら、どんな気持ちだろうね」「その質問、上司研修に使えそう」

参加するワーキングマザーや子育て世代の悩みは、「女性活用はＣＳＲとしてどこの会社もやりたがっている。でも、それが長時間労働の是正や男性の育児参加促進とイコールではない」ということだ。

ダイバーシティ西日本勉強会では「育児勤務者キャリアアップ」など各社の実情に応じた課題を持つ企業が集まり、それぞれにテーマを掲げ、企業横断型の分科会で課題解決に取り組む。当事者ならではのエピソードがそのまま研修に使えるケースになっていく。

トップにかける魔法の言葉は「他社さんもやってますけど」――

このように、昭和の雇用環境のままの会社では、従来の制度が見直されず、また新しい制度をつくっても使われないままということもある。

ある会社では、就学前の子どもがいる男性の単身赴任手当が出なかった。これは「子どもが小さなうちは一緒に転勤するべき」という考え方からきていたそうだ。転勤の多い企業の男性は、妻がほとんど専業主婦。関西のワーキングマザーの環境は、まだまだ厳しい風土との闘いの連続という印象だった。

こうした「片働き」「妻は専業主婦」「子育ては女性がやるべき」を前提とした会社の制度はたくさんある。この試みで、関西の大手企業のダイバーシティへの足並みが揃えられるのは大きなメリットである。

「上司に『○○社さんはやっておられますよー』と言うと、すぐに『だったら、うちも』と取り入れられやすくなります」

男性は社会的な生き物なので、右見て左見て、まわりが変わろうとすると、やっと変わっていく。同じく男性が主導する会社も、一社だけでは変われない。

ダイバーシティ西日本勉強会のような取り組みは、地方の企業にこそ参考になるだろう。

「東京の大企業の例などはまったく参考にならない。どうしたらいいのだろうか?」

そう悩む担当者によく相談を受ける。そんな方たちこそ、各県、各地域の企業が集い、こうした勉強会を開いてみてはいかがだろうか？　当事者たちが知恵を絞ってこそ、魂の入った制度が立ち上がるだろう。

人手不足を解消、売上もアップ――中小企業でこそ活きる、働き方改革

「どうせ大企業だけのことでしょう?」。働き方改革について話すと、必ずこんな台詞《せりふ》が出てくる。「女性活躍」も「ダイバーシティ」もずっと「余裕のある大企業だからできることだ」と言われ続けてきた。

しかし、じつは中小企業こそ、経営者からのトップダウンが早いので、やろうと思えば変化は早い。

先日、働き方改革のセミナーでおもしろい事例に出合った。経営者から若手まで、多くのセミナーに呼ばれているが、この日は三〇人ほどの少人数限定で、膝を突き合わせて話すような形式だった。若い上司が部下の女性四人を連れてやってきていた。社員数約一〇〇人の広告代理店だが、二年前の社長交代から、十九時以降残業禁止になったという。

「最初は混乱したし、無理だと思った。持ち帰り残業をやったりしましたが、だんだんにどうやったら十九時前までに仕事が終わるか、必死に工夫するようになったんです。時間

の意識ががらりと変わりました」と言う。

しかし残業代は減るだろうし、広告業界自体が長時間体質だ。クライアントにはどう説明するのだろうか？

「見なしで三十時間分の残業代が出ていて、今では早く帰れば帰るほどお得」という意識なので、特に社員から不満はないという。また「つきあうクライアントも変わります」と言う。ホワイトサプライチェーンができつつあるのか？

また新入社員の女性も一人いて「私にとっては最初からその環境が当たり前なので、前の働き方を聞くとびっくりします」と言っていた。

見なし残業で働いていて「見なし労働時間より早く帰る」という人はあまりいないのが日本の企業だが、それを逆転させた意識の転換があったのだ。

ポイントは社長がトップダウンで進めたこと、報酬に不満が出ないように手を打ったこと、社員の平均年齢が割と若いことなどだろう。今は早く帰れとだけ言われることで、現場にしわ寄せがきているが、混乱期が収まると、若い社員が多く規模が小さい会社ほど、変化の速度も早いのかもしれない。こうした会社の例を聞くと、「長時間労働」はたんなる慣習だったのだろうかと思うくらいだ。

働き方改革で入社希望者が殺到

三重県は地方創生の交付金で二〇一五年から県全体のワークライフバランスに取り組み、県内の企業や県庁にも専門のコンサルタントを入れた。私も三重県の県庁の「働き方改革タスクフォース」のメンバーを務めた。三重県は中小企業が多く、地理的に近い大阪や京都に人材をとられてしまうという構図が続いている。

しかしそんな状況の中、ある調剤薬局（社員数五八名、当時）はコンサルタントの指導のもと、業務体制の見直し、繁忙期の多店舗への応援体制の整備、個人のスキルの洗い出し、全体のレベルアップに取り組み、売上は二三〇パーセントアップ（二〇一五年前年比）。コンサルタントを入れたチームの有休取得数は前年比三五二パーセントにまでアップした。

また、これまでは採用に苦労していたが、その取り組みを大学などに伝え続けた結果、採用希望のエントリー数が前年六〇名だったのが、約二・五倍の一六〇名になったという。大阪の大企業の内定を蹴って、こちらに就職した人もいる。「結婚しなくてもいい」と言っていた女性の店長が取り組み後半年で結婚し、社員の出生率もアップしたという。

少ない人数で売上を増やす仕組み

県庁のタスクフォースのメンバーだった社員四名の保険代理店の社長は「社員が一人辞めてしまったのだが、増員せずに売上はアップした」と顔をほころばせる。五カ月間の働き方見直しに取り組み、前年よりも一人少ない人数で、売上は前年比一〇八パーセントアップを達成した。コンサルタントが指導したのは、仕事の属人化の排除。業務の棚卸しとマニュアル整備。少ない人数でもチームで成果を上げる仕組みにしたのだ。

二〇一五年の交付金事業だったが、同年度にすでに結果が出ている。専門のコンサルタントを入れたことも要因だが、中小企業は本当に結果が出るのが早い。つまりは「社長の心次第」ではないだろうか？

広島県の事例も紹介しよう。同県は「イクボス先進県」だけあって、すでに働き方改革の調査を行なっており、県内の一二〇〇社からのアンケート（二〇一七年五月〜六月）で七五パーセントの経営者が働き方改革の意義を感じているが、実施企業は三五・五パーセント。取り組むうえでの課題は「業務量に対する適正要員確保」。地方の人手不足ゆえの取り組みということだ。

だが、取り組みが進んでいる企業ほど、労働時間短縮、休暇取得率アップ。経常利益と新卒採用が良好という嬉しい効果が出ている。

さらに、「成果が出始めている、風土が変わりつつある」と感じた取り組みが進んでいる企業の約半分が、九九人以下の中小企業だった。やはり、中小企業経営者が素早く決断すると、効果も早いということだろう。

「仕事の熱狂に溺れない」働き方

一切残業しないことで有名な、ＥＣサイト「北欧、暮らしの道具店」を運営する株式会社クラシコム。二〇〇六年の創業以来「毎日十八時退社」をルール化し、毎年一六〇パーセント以上の成長を続けている。

あまりに有名な中小企業なので「特殊な例」とする人も多いかもしれないが、最近読んだ代表取締役青木耕平氏のインタビュー記事が働き方改革の目指すところの本質に近いのではと思った（青木・二〇一七）。

「〝仕事の熱狂〟に溺れない。『正気を保ち続ける』という働き方」という記事のタイトルがすごい。仕事に熱狂するのは確かに楽しい。しかし、あえてしないのだ。残業をしないため「制作請負やイベント出展など『働き方をクライアントの事情に合わせなければならない仕事』はすべて断るというスタンスを貫く」としている。また社内の個別の評価は行なわないのがクラシコム流だ。

「『そもそもこの仕事やらなくてもいいんじゃないか？』ということから検討する。なぜなら、大切ではない仕事を効率化するためにあれこれ考えるほど無駄なことはないからです」

徹底的に削《そ》ぎ落とす。そこから始まる。

そして彼は日本の「がんばる＝長時間労働」がすでに戦後の高度成長期に培《つちか》われた成功体験からの「様式美」になっていることを看破する。

「今となっては、〝がんばることで安心したい人たち〟や〝仕事で熱狂したい人たち〟が、この様式にのっとって自己破壊的に働いているという構造すら見受けられます」

私も中小企業の例を見るにつけ「長時間労働はすでにただの慣習なのではないか？」という疑いを持っていた。「ただの慣習なら、筋道をつけて考え方を変えることでやめることは可能」だ。しかし日本の高度成長期に立ち上がったような大企業の場合、すでにその「慣習」にさまざまな既得権益が絡む。だからこそ、大企業の働き方改革は難しい。しかし、その既得権益が構成される前の若い企業や身軽な中小企業なら、道筋を間違えなければ、一年ほどの混乱はあっても、かなりの改革が進むのだ。

青木社長はまだまだ変わろうとしている。

「たとえば『夕方六時に全員退社』と言っても、社会全体がその方向に向かう今となっては、もはや美しい表現とは言えません。つまり、今の僕の美意識はあくまでもこの時代のこの条件下のものであって、時代が変わったり会社の規模が一〇倍になったりしたときに、同じことをやっていても美しくはないはずなんです」

常に変わり続けられるのも、ギリギリまで働いていないからだ。官僚の友人が二十代当時の働き方を振り返り、「日々の仕事を投げ返していただけで、思考停止していた」と語っていた。思考する時間すら奪うのが長時間労働なのだ。

しかしクラシコムは決して「甘い会社」ではない。採用ページでも「零細企業」で「安定は保証できない」と伝える。彼らが望む社員像についてもしっかり言及している。

「新たな仲間を迎えてもちょうど四〇人前後という小さな組織であるため、一人一人の仕事の出来不出来は大変大きな問題ですので、『自分のペースでのんびり働きたい』『安心安定第一』というタイプの人にはまったく向かない職場であるといえます」

「私たちは仕事をあまりしたくない人たちではありません。（中略）どのくらいの長さ会社で時間を過ごすかはどうでもいいことですが、本当のプロフェッショナルとして仕事をしていく事を選択した人は、おのずと会社にいてもどこにいても仕事が主要な関心事の一つとなるはずだと思っています」（クラシコムの二〇一七年度採用ページより）

常に勝ち続けるためにも、仕事に溺れすぎてはいけない。クラシコムの挑戦に今後も注目したい。

第二章——現場から働き方をこう変える！

労働時間改革か、テレワークか?

働き方改革で私がもっとも注目しているのは、「労働時間改革」と、テレワークによる「場所と時間の柔軟な働き方」の二つだ。どちらが有効ということではなく、両方あるのがベストだと思っている。

働き方改革でがぜん注目を集めているのがテレワークだ。リモートワーク、スマートワークとも呼ばれている。テレワークとは、ITの活用による場所や時間にとらわれない柔軟な働き方をいう。在宅勤務と称している企業もある。

テレワークを導入すれば、働き方に関して、かなりのことが改善される。子育て中や、介護・病人の看護がある人も働けるようになる。場所と時間にとらわれずに済むので、時間の有効活用もできる。出先から直接帰宅もしやすくなり、長時間通勤に対して、大いに時間も節約できる。以前、筆者が「育児と仕事を両立するパパのイベント」に行ったときに、「通勤時間が二時間なので、平日はほとんど育児には参加できない」という人が結構いた。この人がたとえば水曜日あたりを在宅勤務にできたら、どんなに体が楽だろうか。

また、テレワークが入ると、必然的に「暮らし方」も変わる。たとえば、共働き家庭で父親の会社がテレワークに積極的で母親の会社にテレワークの制度がないと、父親が保育園のお迎えに行き、お迎えから寝かしつけまでの「子育てゴールデンタイム」を担当することになる。実際にテレワークを導入したリクルートの管理職が「保育園のお迎え担当ができるようになった」と言っていた。

さらには、オフィススペースの節約にもなる。たとえばリクルートでは二〇一六年から「会社から二時間以内ならどこで働いても良い」という無制限のテレワークをグループ会社が続々導入している。そのうちの一社を三カ月後に訪ねたら、オフィスフロアが四分の一になっていた。全員が出社するわけではないので、それで十分。東京の高い家賃料を節約でき、別のところに投資ができる。

テレワーク＝労働時間短縮という勘違い

もっとも、たんにテレワークを導入しただけでは、仕事の柔軟化にはなっても、効率化にはならない。場所や時間は選べるけれど、だらだらと長く働くことにもなってしまう。常時接続による働きすぎの危険性もある。今や仕事のメールを受けるのは、スマートフォンが五割近い。

そこで最初に、「時間は有限である」というマインドを持ってもらい、自律的に自分の時間をコントロールしながら働く意識を持たせる。上司が業務管理を行なう仕組みをつくり、労働時間の上限を設ける。そのうえで柔軟化して初めて、大きな効果が出てくる。

家だろうと外出時だろうと、常に仕事でのメールが送られてきて大変になる可能性もある。そこでフランスでは「メールがつながらない権利」の法制化が決まった。日本でもジョンソン・エンド・ジョンソンでは、平日の夜十時以降と休日のメールを自粛するようにしているそうだ。フランスの例をひいて、働き方改革実現会議で提言したら、「メールのつながらない時間」は「実行計画」に記載された。

テレワークは、アメリカでは四〇パーセント以上の人が実践している働き方だ。それもハイスペックなワーカーほど、テレワークを多用している。一方、日本におけるテレワーク人材は、まだ一五パーセントほど。社内に制度はあっても、育児中の女性のための制度と考えられ、みなが利用するものとしては活用されていない。

テレワークが進まない背景のひとつに、経営者や官僚の人たちの持っているイメージが古すぎることがある。「部下は、『おい』と言えば『はい』という距離にいてほしい」「今、部下が何をやっているかわからないと不安だ」という声は管理職世代に多い。

しかし、現在のＩＴ技術は、大きく進化している。たとえばテレビ会議にしても、遠くにいる参加者もパソコン画面を通じてオフィスにいるメンバーと同じ資料を見たり、同じ文書にどんどん書き込んでいったり、雰囲気を感じたりしながら会議に参加できる。従来のような、ただ相手の顔が見えるだけで、「自分だけが置いてけぼりにされている」「会議の内容についていけない」といった感覚は一切ない。

また、スケジュール管理ソフトを使うことで、上司は部署のメンバーがいつ何の作業をしているか、いつでも確認できるので、勤怠管理や評価もストレスなくできる。

「コミュニケーションが希薄化しないか？」という問いも、過去のものかもしれない。今の若い世代はＬＩＮＥなどのアプリで緊密なコミュニケーションをとることに慣れている。実際にテレワーク環境が整っているとチャットなどですぐに会話もできる。

逆に「会議」など対人コミュニケーションの質が変わるという意見もあった。「人と実際に会う」ことへの重みが違うのだ。結果、その時間の質は上がる。

今日からできるグーグルの「未来の働き方トライアル」

「働き方改革」といっても、「今すぐに何をしていいかわからない。トップもやる気がない。現場から取り組めるものがないか？」という人に紹介したいのが、私がアドバイザーを務めている、グーグル社の「Women Will」の「未来の働き方トライアル」というプロジェクトだ。グーグル社のCSR事業なので、参加は無料で、グーグルのシステムを使う義務もない。自分の会社にすでにあるテクノロジーを使うことで参加できる。

「未来の働き方トライアル」は、第一章でも紹介したが、二〇一五年から始まった「働き方の実証実験」である。二〇一六年は、三つのことに手を挙げた会社が一カ月ずつ取り組んだ。コンサルタントには三菱UFJのR＆D部門の矢島洋子氏がつき、中央大学ビジネススクールの佐藤博樹教授もアドバイザーという、たいへん豪華なプロジェクトだ。

テクノロジーを使って

「Work Anywhere（働く場所の柔軟化）」
「Work Simply（業務の効率化）」
「Work Shorter（業務時間の短縮）」

という三つのトライアルを各社がトライアルチームを決めて取り組み、その前後を検証する。二〇一六年に参加したパートナー企業は三一社、実際にテクノロジーを使った働き方改革にトライした社員数はのべ二〇〇〇名以上である。既婚・未婚、子どもの有無、一般社員・管理職、といったような条件を超えて、さまざまな立場の社員にとって効果があることが検証された。

たとえば「決めた時間に帰る」なら、どのように時間を決めたら帰りやすいかをいろいろ試してみる。実際にやってみると、「個々に帰宅時間を決めても、周囲が帰らないと帰りにくい」「突然残業を振られると、断りにくい」など、いろいろなことがわかってくる。

業務プロセスと所用時間を「見える化」する方法

仕事の効率化を考えるうえでとても重要なのは、互いのスケジュールを把握することだ。

「未来の働き方トライアル」では、グーグルのスケジューラーアプリ等を使い、ルールを決めてスケジュールを入力してもらうことにしている。このトライアルに参加した企業を見ると、スケジューラーを使っていても、必ず入力する制度になっていなかったり、プライベートの予定は入れなかったりなど、使い方にかなり開きがあった。それを、一定のルールに従って入力するようにするのだ。

・プライベートの予定もきちんと書き込んでもらう（ただし、内容については書かなくていいことにする）。
・業務プロセスとそれに費やす所用時間をセットで書き込む。
・集中タイムをつくる「この時間からこの時間までは、集中して資料を作る時間なので、邪魔しないでほしい。電話も取り次がないでほしい」といった仕事の計画も、ある程度書き込んでおくようにする。

このやり方のいいところは、まず自分で一日の業務設計をして計画を立てるようになることだ。今日、何をどの順番でやるか。優先順位をつけて仕事をするようになる。

たとえば保育園のお迎えがある人の場合、「この時間に帰る」ということがわかっていても、周囲は漠然としか把握していないことも多い。しかし、スケジューラーに書き込んでおけば、周囲もいつも気にかけられるし、本人も帰りやすくなる。

独身者の場合、「今日は用事があるから残業しないで帰りたい」と思っていても、急な残業を振られて断りにくくて、などということがよくある。しかし、独身者が終業後に自分の時間を持ちにくいというのも、おかしな話だ。そんな独身者も、スケジューラーを利用することで、遠慮なく予定を周囲に伝えられるようになる。

また、それまでは部下が上司の予定を把握していることはあっても、上司が部下の予定を把握していることは稀《まれ》だった。それがスケジュールの共有化により、上司も部下の予定を見るようになった。部下の退社時間を知ることで、上司も仕事を振りやすくなった。つまり部下の業務管理を上司がきちんとするということだ。

スケジュールの共有化により、関係性が向上したという声もあった。お互い、誰がどんな仕事をしていて、何時に帰るのかといったことを意識するようになるので、自然に声をかけ合う空気が生まれた。毎日小さなミーティングを持つことで「この優先順位は違うんじゃないの？」など、上司から指摘できる。効率化というのは黙々と仕事をするだけのことのように思われるが、効率化のためには「小さなミーティングで共有化する」ことも重要で、第二章で紹介したアクセンチュアでも「毎朝十五分程度の立ったままのミーティング」や「ランチを一緒にとる」などの工夫が見られた。

仕事の効率化における「三大悪」とは

仕事の効率化を考えるとき、「三大悪」として挙げられるのは、

①仕事の属人化
②会議が多い、長い。目的が明確でない
③過剰品質

の三つではないだろうか。

①については、「仕事を属人化しない」ことが、労働時間を短縮しつつ効率化を図るうえで、きわめて重要だ。だが、「未来の働き方トライアル」の参加企業の中には、属人化しないための工夫ができている企業もあれば、できていない企業もあった。

「仕事を属人化しない」ために有効として挙げられたのが、クラウドの有効活用だ。クラウドで情報を共有化することで、組織全体で問題を共有する。さらにスケジュールも共有化して社員相互の関係性を向上させることで、「仕事の属人化」を改善していくのだ。

②については、「会議の効率化」が、労働時間を短縮するにあたって、もっとも効果が上がるポイントだ。たとえば楽天では、会議を「八分の一」にするという取り組みを行な

っている。資料を二分の一、人数を二分の一、時間を二分の一にして、合わせて会議にかかるコストを八分の一にしようというものだ。

逆に言えば、会議時間が非常に長く非効率であることが、日本の労働時間が長くなっている大きな原因と言われている。会議を効率化する試みは、すでに行なっている企業も多く、しかも成果がすぐに出る。

「会議の資料を一枚にする」
「時間無制限の会議はなくす」
「結論を必ず出す」
「会議を十八時以降は設定しない」

そんな取り決めをすることで労働時間が短縮される。

ヤフーでは会議にかかるコストの「見える化」により、無駄な会議を減らした。役職の高い人ほど時給は高いので、役職の高い人が多く参加する会議ほど、コストが高くなる。あるいは会議室の使用料が、一時間当たりいくらになるかをコスト化する。コスト削減のために「必要最低限の人しか参加させない」「会議時間を短縮する」といった動きが生まれ、会議の効率化が進んでいった。

アイデア出しの会議にしても、やはり「制限」を設けなくてはいけない。前述の慶應義塾大学の大学院ＳＤＭ研究科のセミナーでは（五七ページ参照）、特定テーマについてチームごとにアイデアを出し合う方式、いわゆる「アイデアソン」の場合、「さあ、良いアイデアを出しましょう」というだけではアイデアは出ないと言われた。ある程度の制約条件があってこそアイデアが生まれるのである。

会議も同様で、まずは目標設定が大事。「アイデアを出す」会議なら、ある程度の時間が必要だが「何かを決める」会議なら、しっかり目標と時間制限を設けないとダラダラした会議になる。報告だけなら、会議を開く必要もない場合もある。

最近は、会議室に「会議時間は短ければ短いほどいい」と書いたプレートを掲げたり、立ったまま会議を行なうなど、時間を短縮するためのいろいろな工夫も生まれてきている。

会議の資料を減らすのも、ひとつの方法だろう。ある企業では、会議における資料を一切なくしてしまった。同じチーム内での話し合いだから、口で言えばわかる、というわけだ。その結果、発言者は一分ぐらいで自分の意見をまとめる技術が磨かれ、会議の時間短縮に大いに役立っているという。

「過剰品質」は質と量の事前確認で防ぐ

③の「過剰品質」は、日本企業の問題としてよく指摘されるものだ。トライアルに参加した人たちの中からも、上司は部下の仕事について「納期は指示しても、質は指示しない」という印象深い意見が上がった。

たとえば、「内部向けの資料でも、外部提出用の資料と同じようにきちんとつくる」というのも、そのひとつ。社内向けなのだから、そんなにキレイにつくってどうするの？ということだが、ついつい過剰にキレイに仕上げてしまう。

これを防ぐため、たとえば日産では、内部向け資料の作成にあたってパワーポイントなどのプレゼンテーションソフトの使用を禁止した。プレゼンテーションソフトを使えば、どうしても余計な作業が増えてしまう。「一円にもならない資料に、時間をかけすぎるのはやめよう」というわけだ。

仕事の質について上司と議論することが大事であると、このトライアルを通じて気づいた人もいた。資料作成を命じられたとき、何のための資料で、どこまでの質を求められているのか尋ねる。たとえば手書きでいいのか、パワーポイントできちんとつくる必要があるのか、一枚でいいのか、五枚ぐらいにまとめるのか、そのあたりを確認したうえで、資料をつくる。これもまた仕事の効率化を進めるうえで重要になる。

「この仕事は松竹梅のどれ？」と上司とすりあわせするだけでも違う（沢渡・二〇一六）。

もうひとつ大切なのが職場の「心理的安全性」だ。霞が関の資料が何百ページにも及ぶのは有名な話だが、なぜ優秀な官僚がそんな資料をつくるのかといえば、「抜け・漏れ」がないようにするからだ。何を突っ込まれても、完璧に答えられるようにすることが求められているために、そうせざるを得ないのだ。

これはまさに「心理的安全性」の問題だ。抜け漏れがあったら、議員やマスコミから噛みつかれる、評価が大きく下がると思うから、抜け漏れのない資料をつくろうとする。一文字でも間違いがないように過剰品質になる。これでは時間がいくらあっても足りない。

膨大な資料は、抜け漏れはないが「本質は何か」という点が逆にぶれてしまう。

また「安全性」があれば、「これでいいですね？」と途中で確認したり、そもそも最初から「松竹梅」（優先順位）を設計したりできるので「仕事の手戻り」が少ない。「心理的安全性」も「過剰品質」を防ぐ大事なポイントだ。

仕事を可視化して起きた変化

グーグルのトライアルには、働き方改革のヒントがたくさんあった。

仕事を可視化することで、自分で業務の質と量の管理ができていない人が多かったことがわかった例もあった。自分では二時間でできる仕事と思ってスケジュールを書き込んだところ、実際は三時間かかったという具合で、そこに初めて気づいたのも大きな発見のひとつだったという声も上がった。

このトライアルの成果発表会でひとつ感じたのは、個々の企業による差が非常に激しいということだった。部署単位でのトライアルなので、参加人数も一〇人から五〇人程度まで企業によってまちまち。働き方にしても、社員が自分で仕事の量を決め、スケジュールや時間も決められる自律的な働き方の企業もあれば、そんな環境とはほど遠い企業もある。

すでに環境が整っている企業は、このトライアルに参加しても、たいした発見はなかった。一方で、今まで「時間について一度も意識したことがなかった」企業の場合は、非常に効果が上がる。退社時間を決めたら、間に合わせるには業務効率を高める工夫をしなければならないことに初めて気がついた、共有化しないと間に合わないという話も出た。

これまでは仕事の効率化など考えたことがなく、とにかく言われた仕事をこなすだけという社員が多かった企業では、スケジューラーを使うことで社員の意識も変わった。

時間という資源に注目した「自律的な働き方をする」というマインドセットがあるかどうか――それで、仕事への取り組み方や作業内容が、まるで変わってくるのだ。

二〇一七年度には、その知見をもとに、各自がeラーニングできる「働き方改革のトレーニングツール」も公開されているので、明日から誰でも使える。まずは行動あるのみ。ぜひトライしてほしい。

上司を変えたい人には「イクボス」宣言

部署単位で参加できる試みに続いて、「上司を変える」ための効果的なプロジェクトも紹介したい。「イクボス企業同盟」という、大企業を中心とするネットワークだ。

育児をする男性、つまり「イクメン」だけでは、働き方改革をするのは難しい。ボスが変わらなければ早く帰れないし、育児をしたくても「それなら降格させる」などと言われてしまったらおしまいだ。やはり「イクボス」も育てる必要がある。

父親支援を行なうＮＰＯ法人ファザーリング・ジャパンのそんな気づきから始まったのが、イクボス企業同盟だった。部下を育てるボス、部下のライフにも理解のあるボス、そういうマネジメントがしっかりできるボスを育てていこうという活動だ。

イクボス企業同盟は二〇一四年十二月に、みずほフィナンシャルグループ、全日空、コクヨなど大企業を中心に、最初は一一社からスタートした。

イクボス企業同盟の取り組みで私が感心したのは、まず数を増やそうと考えたこと。数をどんどん増やして、オセロの「黒」を「白」にパタパタと変えていく。なるほど、最初は「黒」だった人も、周囲に「白」が増えていけば、自然に「白」に変わっていくだろう。

まずは日本地図をある程度塗り替え、そのうえで、しっかり中身を整えようという考えから、都道府県別の活動もある。まず数を増やすことに注力したのだ。その戦略が功を奏して、参加企業は一三九社にまで増えた（二〇一七年三月二十九日現在）。

私はイクボス企業同盟の一番の利点は「上司やトップがいい恰好をできる場面をつくる」ことだと思う。トップや上司の理解がなくては働き方改革は成功しない。「長時間労働で勝ってきた」という強烈な成功体験を持つ世代を変えるには、やはり「横並び意識」

と「褒められる機会の提供」だ。他社もやっている、褒められる。なんだか良い試みみたいだぞ……そこからがスタートなのだ。

ちなみに大臣では塩崎厚労大臣が初めて「イクボス宣言」をしている。今イクボス宣言をする企業は写真つきで厚労省のサイトに掲載してもらえる。多少強制的にでも上司をその気にさせて、どんどん褒めて本気にさせるのだ。

ノー残業デーは果たして効果的か

イクボス企業同盟は労働時間の短縮にも積極的だ。二〇一六年十一月二十一日から十二月八日にかけて、加盟企業に対し、長時間労働削減施策に関するウェブアンケートを行なっている。一一六社中八九社から回答があり、その結果から、取り組んでいる企業が多い施策や、効果が高かった施策が見えてきた。

効果が高かった施策を見ると、

一位　「ノー残業デー」

二位　時間管理のうち、「各人の労働時間を集計し、役員会に報告。長時間労働部署へ是正措置を求める」

三位「経営層から社内に向けて長時間労働是正へのメッセージ発信」
四位「PCログ管理（タイムカードとPCログオフ時間乖離《かいり》の把握）」
五位「有給休暇の計画取得の徹底」

それまで何もやっていなかった企業の場合、ノー残業デーを週に一度設けるだけでも、かなり効果的であることがわかった。またトップが本気であることを示し、それが中間管理職に伝わり、労働時間管理ができていることや、チャイムが鳴ったり消灯したりすることで、帰宅時間に気づかせる仕組みもある。

さらに、三割以上の会社が「効果があった」と評価した効果率の高い施策を見ると、
一位「PC強制シャットダウン」
効果率はなんと一〇〇パーセント。やはり強制的に行なうことは、意識づけを行なううえで重要ということだろう。時間外労働の上限を強制されることで、初めて「時代は変わった」と意識するようになるのだ。

一方で「効果率が一割以下」、つまりほとんど効果がなかった施策は、
一位「社内パンフレット、イントラ、掲示物による長時間労働是正の啓発」
効果率は五パーセントだった。やはりトップが直接発言することが大事で、配布物など

はお金がかかるばかりで効果はないようだ。

二位「任意参加で定期的にワークライフバランスセミナーを行なっている」「任意」ではダメで、「強制」が大事だということだろう。

ただし、単独では効果があると評価されなかった施策でも、組み合わせ次第で効果を発揮するケースがある。多くの企業が一二以上の施策をしている。

いずれにしても、大事なのは「強制」で、啓蒙だけでは効果がないことがわかる。

比較的取り組みやすいものばかりだが、「形を決めた」ところから、第一章で書いたように「ただの時短から本格的な働き方改革」に移行していかないといけない。やがて早帰りも形骸化したり、サービス残業などの問題が出てくるからだ。

費用がかかるものでなく、いずれもすぐに始められるものとして二つの試みを紹介したが、こうした取り組みに参加することの一番の意義は、「仲間が増える」ということだろう。会社の中で孤独な思いをしている人も、「新しい働き方」「ワークライフバランス」を目指す仲間が増える。孤独な闘いから解放される。

まずは「労働時間把握義務」が不可欠 ——

長時間労働是正に取り組むにあたって、第一に取り組まなければいけないことがある。「いったい社員はいつ、何時間働いているのか」を把握すること。意外とこれができていない。企業は、まずは「実労働時間の把握」からがスタートとなる。また改革の際にひとつ注意が必要なことがある。「長時間労働是正の罠《わな》」としての「サービス残業の増加」だ。実際、私が「時間外労働に上限を」と言うたびに、「サービス残業が増えるだけ」という声がかなり上がった。それだけ日本には、サービス残業が多いということだ。

政府が把握している労働時間の統計が二つある。ひとつは、企業側に聞いた社員の労働時間、もうひとつが社員に聞いた労働時間で、比べると三〇〇時間ほど乖離がある。つまりこの三〇〇時間が、サービス残業の時間と考えられる。連合（日本労働組合総連合会）ではサービス残業の調査を公開。

「手当を申告せずサービス残業をした正社員や非正規社員は三八・二パーセント。理由は『働いた時間通り申告しづらい雰囲気』が三〇・一パーセント、『残業手当に限度がある』が二五・六パーセントだった。連合総研の小島茂副所長は『過労自殺した電通の新入社員のように、サービス残業を断りにくいケースが多く、深刻だ』と話した」（「毎日新聞」二〇一六年十月二十八日付）。この数字は過去最悪ということなので、「時短」ブームの悪い影響が出ているのかもしれない。

二〇一四年頃からコストカットの目的で、長時間労働の是正に取り組む企業が増えている。若者たちの労働相談を行なっているNPO法人POSSEの今野晴貴代表によると、それと比例する形でサービス残業に関する相談が増えているという。労働相談の四分の一ぐらいが残業代未払いの相談だが、最近増えているのは「残業が長すぎて辛い。でも辞められない」といった、ブラック系のものだそうだ。

厚生労働省では、労働時間短縮を推進するため、残業時間の短縮や残業代の割増率アップなどに取り組む中小企業に助成金を出すなどの制度を設けている。しかし、こんなやり方では労働時間は短くならない、と今野代表は言う。企業の自主運営に任せていては無理で、やはり時間外労働の上限を設けたほうがいいと言うのだ。さらに、上限を設けても従わない企業も少なくないので、守らなかった企業には罰則が必要とも言う。

具体的にどのようなやり方が効果的か、今野代表にヒアリングした。今野代表によれば、以下の三つが必要だという。

• まずは現在の三六協定に基づいて提出されている届け出の数字を公開する。

・過労死が発生した企業名を公表する。
・現在、義務化されていない労働時間の記録を義務化する。

労働者がもし過労死した場合やサービス残業を訴える場合、現在の仕組みでは、労働者側が労働時間を記録して証明しなければならない。それを企業の義務とすれば、証明義務は会社側にあることになる。裁判を起こす場合でも、労働者は訴えやすくなる。

また現状では、「タイムカードの打刻時間がおかしい」という指導が労働基準監督署から入っても、「じゃあ、もうタイムカードを置きません」と撤去するといった、ブラックなやり方も通用する。こんなやり方を放置していいはずがない。

ほかにも労働相談の中には、「月給三〇万円の約束で入ったのに、そのうち一五万円は残業代だった」といったケースが、いくらでもあるという。「サービス残業防止は、奨励や施行規則でできるので、ぜひ取り組んでほしい」と今野代表は語る。

求人については、ここへ来てようやく「これは残業代一〇〇時間込みの給料です」などと表示しなければならないという規則ができた。ただし、罰則はない。応募者に「この給料は残業代込みですか？」と聞かれ、「違います」と実態と違う回答をしても罰せられないのだ。やはり、それではいけない。

このあたりを是正するには、時間外労働の上限設定は重要で、守らない企業には罰則を設けるべきだろう。今、大企業の労働時間は、月二〇〇時間、三〇〇時間と、三六協定の特別条項の時間が完全に青天井になっている。大企業の七割が「過労死ライン」以上の残業を認めているのだ。それでも違法ではないから、企業はそれを改めない。だから上限を設けることに意義がある。私は「働き方改革実現会議」で、企業の「労働時間把握義務」を提言したが、今回の実行計画には、厳しくなった厚労省のガイドラインの遵守という形で書き込まれることにとどまった。

働き方改革を進めるにあたって、企業はまず「社員が実際にどれぐらいの時間働いているのか」を把握するところからぜひ始めてほしい。

働き方改革の目的は、労働時間の短縮にあると思われがちだが、そうではない。各人が「自分の時間をどう使って、いくらお金が欲しいのか」を選ぶことができるようになるのが、望ましい未来だと思うのだ。

「お客様も社員も幸せに」イケアの社員が生き生きと働けるわけ――

興味深い働き方をしているのが、スウェーデン発祥の家具量販店・イケアだ。イケアは全パート社員の正社員化に取り組み、ほとんど「同一労働同一賃金」が実現している。

イケアの女性比率は六六パーセント。「対面販売」「営業時間が長い」という特徴があるが、時間の制約を持っている女性でもみな、生き生きと働いている。

なぜ、そんな働き方ができるかというと、イケアには「労働時間の長さと活躍は関係ない」という前提があるからだ。「イケアの社員として、イケアで活躍するために入っている」という考え方が貫かれている。

この話を聞いたとき、私は「なぜ日本は最初からこうできなかったのか」と暗い気持ちになった。日本の企業では、活躍したり出世したりする人は、長時間働くことが前提になっていて、それができなくなれば、活躍から遠ざかるのが当然とされがちだ。ところがイケアの場合、時間を基準にしない。「誰もが自分の持てる時間の中で、イケアのために活躍すればいい」と考えるのだ。入社時からのマインドセットがまったく違う。

「労働時間差別」がないのだ。

やはり「時間を評価の基準にしない」「時間で差別しない」ということは、さまざまな社員が生き生きと働くうえで、極めて重要なことだろう。

サントリーホールディングスの新浪剛史社長は労働時間を考えるうえで、「『お客様は神様です』を超えることが重要だ」と語っている。この考えは、イケアの考えにも通じるところがある。「お客様も社員も幸せ」でなければいけないというポリシーがあるのだ。「お客様はもちろん、自分たちにとっても、より快適な毎日をつくり出す。誰もがプロフェッショナルとして、人間として成長する機会を提供する」。そういう考え方が大切なのだ。

これは三越伊勢丹ホールディングスの前社長の大西洋氏が言う「社員が幸せでないと、いいサービスはできない」という言葉とも共通する。

サービス業に従事する人たちの中には、「お客様は神様です」を地で行くような、優れた匠《たくみ》のようなサービスをする人がいる。ただ「匠」とは、仕事が属人化していることのひとつの象徴でもある。そう考えると、今後求められるのは、このような「匠」の技術や能力を多くの人たちが共有化できる仕組みづくりではないだろうか。「匠」の技の共有化によってサービスの全体的な向上を図ることで、「お客様も社員も幸せ」を達成できるのだ。

「利益目標」はどこから「売上目標」にすりかわるか

働き方改革はマネジメント改革とも言われる。いくら生産性を向上させても、ひとつの部署に課せられるノルマが通常の労働時間を超えるものであれば、サービス残業で帳尻を合わせることにもなりかねない。とはいえ、すべてをマネジメント層に委ねたのでは、今度はマネジメント層の仕事が厖大《ぼうだい》になってしまう。

従来なら個人の事情など考えず、ただ仕事を割り振れば良かった。しかし近年では、「この部下は家庭に要介護者がいる」「この部下は子どもを保育園に預けている」といったことを考えながら仕事を割り振り、さらに結果を出さなければならない。

しかも日本のマネージャーの多くはプレイングマネージャーで、自分の業務で成果を出した人がマネージャーになっている。必ずしもマネジメントが得意な人とは限らない。逆に人材育成が苦手な人が、マネージャーになっている場合もある。

その点で重要になってくるのは、補佐役の存在だろう。ワーク・ライフ・バランス及び多様性推進・研究プロジェクト代表でもある中央大学ビジネススクールの佐藤博樹教授は、マネージャーの補佐役に、人材育成に秀でた人をつけることが、今後非常に重要になってくると言う。そのようなベストの組み合わせを考えていくことが、企業にとっては現場力を高められるかどうかの大きな分かれ目になるに違いない。また、業務の自動化ツールなどへのＩＴ投資で、マネージャーの負担を少しでも軽くしようとする試みもある。

もうひとつの課題は、「利益志向」の徹底だ。

そもそも、経営者が社員に求めるのは、利益を出すことであるはずだ。どれだけ売上を出そうと、残業代をたくさん使えば利益は減ってしまう。その意味で、経営者が長時間労働を望むのは、本来おかしなことといえる。

ところが、WLB社の小室社長は、部長あたりから、この「目標設定」がだんだんおかしくなると言う。経営者は「利益を出せ」と言っているのに、部長あたりから、部下へのメッセージが「一カ月でこれだけの売上を出せ」という話に変わってしまう。「利益」を出すための売上なのに、「売上」が一大目標になってしまうのだ。現実問題として、「これだけの売上を出さなければならない」というノルマが設定され、そのノルマを果たすため、部下は長時間働いてでもノルマを果たさなければならないと思ってしまう。

このねじれを解消するには、評価方法を変えることだ。限られた時間をうまく使って売上を達成すれば、高く評価される。売上を達成しても、長時間働いた場合は評価されない。そのように評価方法を変えていくことが非常に重要だ。

たとえばアメリカでは、残業代が一・五倍と高いので、多く残業させるとコストが高くなり、経営を圧迫してしまう。だから残業をいかにしない働き方をするかが求められ、残業をしない人が評価されることになっている。

残業上限を設ければ、仕事のやり方は変わる

「自律的な働き方をして、いつでもどこでも働けるようになれば、労働時間の上限は設ける必要がない」という人は少なくない。とはいえ、自分で選択できるような「自律的な働き方」をしている人は、ほんの一握りだろう。多くの職場は、上司から仕事を振られたとき「この仕事は、今は無理です」と言える環境にない。そういう意味でも、残業上限は重要な意味をもつ。上限ができれば、上限に沿った仕事の仕組みを考えるしかなくなる。

時間外労働の法的上限を設けると、一時的にサービス残業が増えてしまうかもしれないが、働き方改革で働く人の意識も変わり、「サービス残業代を払え」という訴訟も増えている。企業はきちんと労働時間に向き合わないと、結果的に「リスク」が増えるのだ。最近もヤマト運輸、そして「時代に合わない労働法は変えるべき」と発言していたエイベックスが、「サービス残業代」を支払うことになった。

時間外労働の上限を設けることは、下請けにしわ寄せがいくだけと言う人もいる。だが、残業の上限がなければ下請け企業はどれだけ残業しても短い納期を守ろうとするが、

上限が生まれることで「規定の残業時間を上回るので、この納期では無理です」と「下請けへの無茶ぶり」を抑制する効果もある。

入札の場合も、「三カ月でやります」という企業と「一カ月でやります」という企業なら、従来は一カ月でやる企業が落札していた。だが、それが従業員の長時間労働を前提とした「一カ月」だとしたら、コンプライアンスのしっかりした企業や地方自治体なら、そのような企業を選べないことになる。

働き方改革が進めば、まともな企業とそうではない企業の差が際立つようになる。ホワイトな企業はホワイトな企業と取引をするようになる。なぜなら「自分の時間を大切にしない」人は「人の時間も大切にしない」ので、つきあいづらくなるからだ。

ここまで、働き方改革を成功させた企業の事例や、現場での改革の方法を紹介してきた。次章からは、反対に「働き方改革」が遅々として進まない日本の労働環境の背景や、現場の声を紹介していこう。

第四章——なぜ「実力主義」の職場はこれから破綻するのか

これまで、働き方改革が、現場で働く人たちにどのような変化をもたらすのかを考察してきた。ここまで読んでくださった方であればお気づきだろうが、働き方改革は結果として女性の活躍につながる。トーマツ イノベーションと、東京大学大学総合教育研究センターの中原淳氏の共同研究「女性の働くを科学する」では「働き方改革こそ女性活躍推進の一丁目一番地」としている。トーマツと中原氏の調査研究は、ワーキングマザー本人だけでなく、ワーキングマザーと関わりのある全方向から職場環境を調査するという前例のない試みであり、結論は「働き方改革のカギは女性視点の職場改革。女性の労働問題を女性個人の資質や努力だけに求めない」というものである。女性の問題は職場全体の問題でもあるのだ。

実際に、「うちは男女平等で実力主義」「まったく差別はありません」という職場でも、女性はなかなか活躍できない。活躍できない原因は「環境要因」と「女性個人の意識」の両方があるが、優秀で仕事の意欲がたっぷりある女性たちが、挫折していく「環境」を可視化したい。

本章では「実力主義」の職場の例として、まず霞が関の官僚たちの働き方改革を紹介する。ついで、メディア業界で働く女性の声を座談会形式でお届けする。

第Ⅰ部：霞が関の官僚たちが働き方改革に立ち上がった

二〇一四年六月下旬、霞が関で働く女性有志による「霞が関的働き方改革」への提言書が、内閣人事局に提出された。霞が関の女性、特に子育て中の女性が働き方改革を提言した格好だが、きっかけは二〇一四年に霞が関で行なわれた、女性向けの管理職研修だった。霞が関では、じつはこのときが初めての試みだった。初めて省庁を超えて女性が集まってみたところ、「今の職場は働きにくい」という声がたくさん出てきたのだ。

中心となっているのは三十代後半の女性たち。子育てしながら働いているが、同期はほとんど辞めていったそうだ。多くの優秀な同期が辞めてしまうのは、もったいない。しかも、今二十代の官僚の三割は女性で、彼女たちがみんな三十歳前後になって子どもを持ち、仕事から離れてしまえば、もう仕事が回らなくなってしまう。そんな危機感もあり、研修での話し合いをきっかけに、霞が関の働き方改革を訴える提言書を出したのだった。

その提言書作成に参加した女性官僚はイベントで涙ぐんだ。「子どもができることは、本当に喜ばしいことなのに、今後の仕事や子育てのことを考えると不安でいっぱいになる」。これが霞が関の女性たちの思いだという。

提言書を提出するにあたり、彼女たちは上級職の女性一二三人へのアンケート調査を行なった。結果を見ると、子どものいる女性職員の一〇〇パーセントが、仕事と家庭の両立について「困難や不安を感じたことがある」と回答しており、さらに約六割は、困難や不安を「強く感じたことがある」と回答していた。

彼女たちの提言は、「資生堂ショック」に通じるものがある。人数が少ないうちは、育児休暇や短時間勤務などを導入し、お互いに配慮し合うだけで何とかなった。「いずれ、あなたたちも子育て期に入る。お互いさまだから、配慮し合おう」ということで回してきたが、もうそれでは通用しない。労働時間に制約のある人が、それほど増えているのだ。

国会議員が残業を大量に生み出している？

では、霞が関の官僚たちは提言書で何を訴えたのか。

ひとつは「国会質疑関係業務の改善の重要性」だった。今まで前日が締め切りだった国会議員の答弁準備を、前々日の夜八時までにしてほしいというものだ。

「国会待機」という言葉を聞いたことがある方も多いだろう。国会議員が国会の本会議や委員会で質問するときは、前日までに答弁者に対して内容を通告することになっている。答弁する大臣などのための答弁や資料は官僚が作成するが、議員からどのような質問が来るかわからないので、質問が出揃うまで官僚たちは「待機」していなければならない。ひどい場合は、質問当日の朝まで質問内容を通告しない議員もいるという。

この点について、国家公務員制度担当大臣を務めていた河野太郎氏が実態を調査させ、その結果を自身のブログでも紹介している（「国会待機の実情」二〇一六年七月十六日）。

〈平成28年の通常国会の会期中、ふだんの対応状況と、実際に所管委員会質疑が行われた日の対応を4月と5月の2回にわたり、調べました。

全ての議員からの質問通告が出揃うのは、全省平均で20：41。最も早い例で17：50。最も遅い例は24：30。通告を受けた質問について、担当課室の割り振りが確定するのが全省平均で22：40。最も早い例で18：50。最も遅い例は27：00。通告を受ける質問の数は、１日で全省平均４９問。最も少ない省は０問。最も多い省は１２２問。（中略）指示を受けて待機した課のうち、実際に答弁作成に携わった課は３０／４２課（４月）、２５／３９課（５月）待機人数合計に対して実際に答弁作成に関わった者の割合は、４

4・5パーセント（4月）、37・3パーセント（5月）。（河野太郎「ごまめの歯ぎしり」）

つまり実際に残る必要がない人も半数以上は待機しているということだ。

もちろん、「質問の締め切りが前日」というのは、緊急の事案への対応など、さまざまな理由はあるとは思う。しかし、それを考えても、「国会待機」という現状はあまりにバカらしい。国会に限らず、「取引先などの外的要因」での残業は民間企業でも悩みの種だ。社会全体での取り組みが必要なのだ。

あまりの非効率が平気でまかり通る霞が関文化——

もうひとつ、官僚の女性たちが考えているのが、霞が関にありがちな「長時間働くことが尊い」「公務員なら、すべての時間を仕事に捧げるべき」「完成度を高め、リスクをゼロに近づけるために、どこまでも努力しなければならない」といった「過剰品質」などの価値観の改革。さらには、IT化の進展だ。

霞が関でIT化が進んでいないことについては、一緒に仕事をしていて本当に驚かされる。官僚たちはブルドーザーのような高機能の処理能力を持っており、どんな無理でもやってしまう。だからこそＩＴ化が遅れたとも言える。会議の資料はほとんどが紙。一字でも間違いがあれば、全部刷り直す。

先日、自民党の会議に出席するにあたり資料を提出したら、四〇〇部印刷された。会議終了後も議員の秘書が資料を取りに来るので、必要な部数らしい。

四〇〇部の資料を運ぶにあたり、資料を入れた箱をいくつも積み上げ、台車に載せて運んでいる。クラウドに上げて、必要な人だけ印刷、といったやり方でやれば楽なのに。

それでも彼女たちの働きかけにより、少しずつ動き出している。河野太郎国家公務員制度担当大臣（当時）のもと、霞が関の働き方改革を加速するための懇談会が立ち上がり、私もメンバーとして参加した。二〇一六年三月十四日に第一回が開催された。この懇談会が画期的なのは、メンバーに五人の有識者に加え、三十代の子育て世代の官僚の男女が、各省庁から参加したことだ。

霞が関の過剰品質や国会対応が、いかに官僚を圧迫しているかといった話も、懇談会によってはっきりした。国会対策として、霞が関ではどんな質問が来ても答えられるように、従来は全員待機が当然だったが、省庁によっては当番制にしていることもわかった。

また経済産業省では、ＩＴ化を進め、クラウドを利用して自宅で作業できるようにしているそうだ。だが多くの省庁では、ＩＴ化やクラウド化が進んでいないため、仕事を持ち帰ることが認められていない。中にはパソコンを持ち出せないように、鎖で縛っているところもあるそうだ。

官僚たちの労働時間の中に、残業分はカウントされない。霞が関ではサービス残業は日常茶飯事だ。その意味では労働コストはゼロだともいえるが、これが正しい姿とは到底思えない。

若くて子どものいないときは、長く働くことに喜びを見出す人もいるかもしれない。「そういう時間があるからこそ成長できる」という人もいるだろう。ただ彼女たちは総じて、そのような話に否定的だ。

ある女性の場合、若い頃は「終電で帰れれば超ラッキー」といった生活をしていて、庁舎で寝たりすることも珍しくなかったという。その頃は目の前の仕事をこなすのに精一杯で、新しいことなど何も考えられなかったそうだ。「あの頃の働き方が今の自分に何かもたらしているとは、とても思えない」と言う。

彼女たちに猛烈な出世願望はないが、「出世したいのではなく、ちゃんと仕事をしたいんです」というのが、彼女たちからよく聞く言葉だ。

ある年齢で、育児で昇進へのステップが踏めないと、出世が頭打ちになってしまう。そうした年功序列的な制度を廃止し、たとえ二、三年遅れても、同じステップを踏めるようにしてほしいという要望が、彼女たちの提言の中にあったのは非常に印象的だった。

霞が関のキャリア官僚の女性は、いわば日本において女性のキャリアの最高峰にいる人たちだろう。その彼女たちが働き方にこれだけ苦しんでいる。「隗《かい》より始めよ」とは、まさにこのことで、まず霞が関から働き方改革をすることが重要ではないか。

第Ⅱ部：大手マスコミは働き方を変えられるか？　記者たちの覆面座談会

テレビや新聞といったメディア業界は、やりがいはあるが、マッチョで長時間労働が当たり前となっている職場の代表例だ。メディア業界で働く、女性記者たちの本音の座談会をお届けする。

好きな仕事についているのに、なぜ彼女たちは苦しいのか？　そこには女性が活躍できない理由がたくさん潜んでいる。さらに、女性が活躍しないことのリスクも読み取れる。

多様な人材が活躍できない職場には「ニュースをニュースとしてキャッチできる感度」がない。この座談会の女性たちに任せていたら、保活問題（保活＝子どもを保育所に入れるための親の活動）は、話題となったブログ「保育園落ちた　日本死ね！！！」の五、六年前にニュースとして注目されていただろう。「制度をつくるのは政府だが、空気をつくるのはマスメディア」であり、社会が変わるためにはメディアの力が欠かせない。「『これはおかしい』と言ってよい」という空気をメディアがつくるからだ。

座談会出席者プロフィール（仮名）
佐藤さん　テレビ局勤務　子ども二人
小関さん　テレビ局勤務　子ども一人
山口さん　新聞社勤務　子ども二人
青木さん　新聞社勤務　子ども一人
（座談会内では敬称略）

「制約社員」が活躍できない

佐藤　私はテレビ局に勤めています。育休復帰後も報道の仕事で時短を申請しました。でも実際は、時短はあってないようなもの（苦笑）。何か事件が起これば、夫に電話をして、夫がダメなら延長保育をお願いして、取材に行きました。しかし、そのような仕事の仕方が成り立たなくなってきて、別の部門に移りました。うちは実家力がゼロなので、ベビーシッターさんを定期的にお願いして、家族のように支えていただいている。「家族外家族」で乗り切っています。

小関　私もテレビ局に勤めています。やはり報道の仕事。しかし、チェック作業のような〝マミー・トラック〟的な仕事しかできなくて悶々《もんもん》としていました。子どもが病気がちだったこともあって、「もっとやりたい」とも、なかなか言い出せなかった。夫はずっと単身赴任。週の半分くらいシッターさん、ファミリーサポートさんにお迎えや送りをお願いしています。外注しまくってやっています。

白河　かなり残業がありますか。

小関　シッターさんに預けられる日は、最大で八時半まで残業。ほかの日はパーッと帰ります。基本的には内勤の仕事ですが、「今日は忙しいから中継に行って」と言われて取材にも行くことがあります。また、個人的に保育園企画はずっと追い続けているので、そういう取材には行きます。

山口 私は新聞社に勤めています。新聞社って、女性記者は子どもを産んだら記者から外れるのが当たり前でした。特に地方はそうだった。私は地方が最初の配属先だったので、出産後も働き続けることは想像がつきませんでした。だから出産後に転職しようと思ったんですけど、引き留められて残りました。やれるところまで続けてみようと思って。東京に戻ったら、自分と同じように産んで働いている記者が社内にもいるし、他社にもいることがわかった。

白河 勤務時間はどうですか。

山口 定時で帰れる部署に半年くらいいて、定時に帰っていました。でも、新聞の一面や社会面などに記事を載せようと思うと、ずっと社内に残っていなければいけない。子育てとの両立は難しいです。夫婦で分担してやっていますが、ベビーシッターと保育園で、計算するのがこわいくらいお金をかけています。それでも手が足りなくて、義理の両親を頼ってしまっています。

青木　私も新聞社勤務です。記者には「朝回り」「夜回り」という仕事がありますから、子どもを産むまでは、朝から晩まで仕事。出産して復帰後は無理だなと思っていました。新聞社には「遊軍」というのがあって、毎日の取材ではなく、その時々のテーマを追いかける仕事があります。復帰した記者は遊軍に回ることが多い。私もそういう部署に配属してもらったので、だいぶ都合がつけやすくなりました。フルタイムプラスアルファで週五十時間くらい働いています。週に二、三回は、シッターさんに預けて夜の取材もやっています。私も実家に頼れないので、二人目はどうしようかと思っています。

子育て前は「休みは悪」で「二十四時間労働」

白河　メディアでの仕事は基本的に長時間労働ですよね。

山口　新聞は「二十四時間労働」がデフォルトです。

小関　テレビも、報道、バラエティ、ドラマ、どの部門も二十四時間労働です。

佐藤　二十四時間働けない人は、「使えない人」認定されます。「B級労働者」扱い。

山口　ずっと「休みは悪」であるかのように教わってきました。

小関　私たち自身が「二十四時間がんばるマン」でオジサンに同化してやってきちゃったんですよね。

山口　採用の最終面接で「親の死に目に会えないよ。そういう仕事だよ」って言われたんです。「わかってます」って答えたのも記憶にある。

小関　自分の結婚式に出られなくて、奥さんだけ出たっていう話も聞くし。

山口　それがむしろ武勇伝なんだよね。

青木　「結納に出られなかった」といった話も本当によく聞きます。

白河　みなさん、二十四時間がんばってきた頃を振り返ってどうですか？

小関　二十四時間仕事をしているときは、ハイになってそれなりに楽しかった。「でっかい事件、キター！」みたいになって、アドレナリンが出てたと思う。

山口　でも、普通の人が何十年もやれる仕事じゃないですよね。何十年もやっているオジサンたちが、ただの廃人と化していくのを見ていますから……。

白河　持続可能な働き方ではないと。霞が関の官僚の場合、女性でも子どもができる前は徹夜仕事をして、朝タクシーで帰るのは当たり前です。その中の一人の女性に聞いたら、「今しかできない修業みたいなものがある、と思っていたけれども、あらためて俯瞰《ふかん》して見直してみると、じつは違ったのではないかと思う」と。多くの女性がそう考えているのではないでしょうか。

会社は個人のサバイバルゲームの戦場

白河　子育て中の社員に対して、会社の取り組みはどうですか。

小関　会社自体の取り組みは、ほとんどないですね。配慮はしてくれますけど、上司次第です。たまたま理解のある上司の場合はいいけど。

佐藤　この業界は、まだ給料もそこそこいいし、中高年男性社員は専業主婦の奥さんがいる人がほとんど。だから、奥さんが働くことがあまり理解できない。

山口　でも、私たちの世代はよほどの事情がないかぎり共働き。女性が時短勤務をしたり、ある程度仕事をセーブしたり。

小関　この先どう考えても、専業主婦はやっていけなくなる。

青木　新聞もそうですよ。先細り。

佐藤　でも、これまでは奥さんが専業主婦の社員が多かったから、男性が育児を担うことにまったく理解がない。

小関　職場復帰したときに、「収入のある旦那さんと結婚しているから、そのままかと思っていたよ」とか「なんで君、復職したかったの？」と言われました。

青木　ありますよね。しかも、言っている人には悪気がないのが、さらに頭にくる。さらっと「無理しないで」と言う人もいますね。

小関　うちは部門によって「女はいずれいなくなればいいいな」と言っている人もいる。

佐藤　部長クラスは、「なんで働けない女をうちの部で引き受けなきゃいけないんだ、ほかの部でも分担しろ」と言っている。重荷なんですよ。

青木　会社は、口では「子育て支援」なんて言いますけれど、働いている上司のオジサンの感覚はまったく違う。

佐藤　その中で女性はみんな、個人でサバイバルをやってる。シッターさんにお願いしたり、外注しまくって。

山口　外注かババちゃん幼稚園じゃないと成り立たないですね。

白河　三人子どもがいると、ベビーシッターは二人雇わなければいけないんですよね。それも、みんな知らない。三人子どもがいると二倍お金がかかる。

佐藤　そういうことを、職場でいちいち説明しないと軋轢《あつれき》が生まれてしまいます。「なんで、あいつはあんなに休んでいるんだ」「上の子は元気なのに休んでる」って言われる。

白河　男性で育休を取る人はいますか。

山口　チラホラいますが、陰口をたたかれてます。ある経営者に「男性の育休ってどう思いますか」って聞いたら、「そんな奴、いらないいんじゃないの」というくらいの返答をされたことがあります。

佐藤　妻の側は、そういうことをわかっているから、夫に育休を取ってと言えない。

小関　保活の取材のときに、「旦那さんに育休を取ってもらうのはどうですか」と聞いたんだけど、誰からもいい返事はもらえなかった。

白河　女性も夫の働き方を変えてはいけないと思っていますよね。

山口　だから、女性が全部やっている。

小関　私の夫の勤め先は、長時間労働の巣窟で、社内の風土は、ボスが帰るまで帰れない。子どもが生まれたときは、夫が転職したばかりだったので、慣れるまでは私が時短勤務をすることにしたんです。そうしたら、そのままズルズルと来てしまって、もう、怒りが収まらない。夫は長時間労働で、平日は「戦力外通告」。夫を頼りにしてイライラするくらいなら、夫は死んだものと思っていたほうがいい。

白河　その「夫は死んだもの」という台詞、よく聞きます。たまに男性のほうが専業主夫になったという例がありますけど、そういうことは考えていないですか？

小関　考えてます。私、夫が帰ってきて「俺、リストラされた」って言ったら、「じゃあ、私がフルタイムに戻しますね」って胸を張って言うと思う。ひどいかもしれないけれど、リストラされちゃえばいいのにって思うことすらあります。男性にもそういう経験が必要だと思う。

メディアがつくり出す、「昭和」な役割意識

山口　メディアって文化を創っていく面があるし、社会を映し出している面があるじゃないですか。「二十四時間がんばるマン」型の記者たちだけでやっていると、社会全体の多様性をキャッチできなくて、報道が偏ってしまう。

小関　ワイドショーって、だいたい年齢の高い女性が見るんですよ。デスク陣も考え方が凝り固まっているから、働くママの企画を出すと「おばあちゃんたちは女の人が働くのは嫌いだから」ってはねられる。いかにデスクを説得しつつ本質に近づける

VTRを作るかという交渉をしなきゃいけない。

白河　とらえ方が一面的なんですね。

佐藤　「子育ては女性がするもの」という固定観念が番組を通じて広まっていく。そうした考えが世の中に再生産されるんです。

白河　男の子のママの有名なキャリアウーマンが「男の子もちゃんと家のことをやるんだよ」って言ったら、「大丈夫、僕、奥さんにやってもらうから」って言われて愕然としたんだって。ママは外で仕事をして、パパも家事をやっているのに、どこからそんな考えが来たのかって思ったら、『妖怪ウォッチ』だったって。『妖怪ウォッチ』のお母さんは専業主婦。作り手の恣意《しい》みたいなものが子どもにいかに影響するかということですよね。

小関　保活のニュースのとき、VTRでお母さんがものすごく怒っているシーンを使ったら、スタジオにいたオジサンが「お母さん、怒りすぎだよ」って言った。そういうシーンを削り取ろうとするんです。

青木　そういったジェンダー観がすごく弊害になっている。自分たちがジェンダー観に縛られているということに気づいてもいない。意思決定の立場にいる人は、自分と同じような人を引き上げていくから、同じ価値観の意思決定者が再生産される。何か革命でも起こらない限り変わらない。

メディア上層部は働き方改革をどうとらえているのか――

白河　今後メディアは、働き方改革や女性活躍に向けて変わっていくでしょうか。

小関　完全に義務化しない限り、メディアが一番変わらないかもしれない。

佐藤　「メディアは例外」と思っているんです。「テレビや新聞だから、しょうがないじゃん」って。

白河　金融業界は、横並びになろうとしてお互いに相談しながらやっていますよね。

佐藤　オジサンたちの中に「やらなきゃいけない」というモチベーションが一ミリもないですからね。もっと強く指導してもらわないと、理解もしない。

山口　経営者の中にもわかっている人はいるんでしょうけど、コストを払ってまでやるものではないという感じですね。だから、メディアで働いている女性は、自分で外的リソースを使って、がんばって、何とかしちゃうんですよ。

佐藤　それを見て、「会社がやらなくてもできてるじゃん」という感じになる。

小関　私たちの企画って、世に問うという面もありますけど、自分の会社の経営層にも見てほしいと思っている。全国ネットのトップニュースで流したら、さすがに見てるよねと思ったんだけど、少なくとも全然頭には残っていない。

白河　みなさん、平気でスルーできる、都合のいい脳を持っていらっしゃるのでしょうね。どうしたら変わるんでしょうか。会社が潰れるくらいの危機的なことがないとダメということなんでしょうか。

佐藤　もしくは、政府から強く言われるとか。

小関　ただ、ちょっとだけ変わりました。前は、お母さんが子どもを保育園に預けるときに、記事の中で「なぜその人は保育園に預けなければいけないのか」という理由を書かなければいけなかった。家のローンが大変とか。普通の人が預けているだけなのに、なんで私はこんな言い訳のようなことを書かされているのかと思いました。今は、そういう前置きはしなくてよくなりました。安倍政権の女性活躍推進法のおかげでちょっとだけ変わりました。

山口　働き方改革担当相ができたのは、個人的には涙が出る思いですよ。

白河　女性活躍を女性だけに言っても何も解決しないし、男性の働き方、会社全体が変わらなきゃいけないというステージに来ているんですよ。

佐藤　テレビ局の特徴かもしれませんけど、正社員はあまり多くなくて、派遣社員や子会社・関連会社の社員が多い。働き方改革で「同一労働同一賃金」になると、派遣の賃金を上げなきゃいけないからすごく心配している。だけど、男性に育休を取らせることが働き方改革だとはまったく考えていない。関心があるのは、派遣の人との賃金のすり合わせのことばかりですよ。

白河　正社員で、いいお給料をもらっていて、旦那さんがいて、子どもがいて、贅沢すぎるんじゃないかという意見があるんです。それに対してはどう思いますか。

青木　確かに、よく言われます。「正社員で、子どももいて恵まれている」って。「わがまま」と言われることもあります。

山口　みんな一生懸命にがんばって就職して、会社でもがんばって働いてきたのに、子どもを産んだことで仕事を失ってしまいかねない。仕事を失いたくないというのが「わがまま」と言われるんですね……。保活のことを記事に書いても、「この人そんなに困窮していないよね」「生きる死ぬの話じゃないよね」と言われる。死ぬ寸前まで苦しんでいる女性のことじゃないと記事にできないのはおかしい。

小関　私が保育園問題をニュースで取り上げ始めたときも、女性がめちゃくちゃ苦しい保活をしているのに、「女が騒いでいる」の一言で片付けられた。上の世代にも少なからず共働きの人がいるのに、報道機関にいながら、なんで扱ってこなかったのか。「そんなの、おかしい」という気持ちが動機としてありました。

「記者なんだから、イヌみたいに二人も三人も産まれたら困る」——

山口　会社も女性活躍を進めていくために女性をデスクにしたいんですよ。だけど、現場の女性からしたら、そういう働き方のままでデスクになりたくないよね。

青木　そう。できないですよ。私は偉くなるための、その登竜門はくぐれない。これだけ技術が進化しているんだから、編集作業やデスク作業を家でやれるようにしてください と言っても聞き入れてもらえない。

小関　男性のガバナンスを脅かすものはダメなんですよ。

白河　そんなことをやっていると、メディアに人材が来なくなると思うんですけどね。現に新聞社の幹部の会で講演をしたら「人材が来ない」というのが悩みでした。本音を言えば、女性の方が優秀だけれど、下駄を履かせて男性を採っていると。業界の中でどこが一番いいかという選択になったら、ワークライフバランスや働き方改革をしているところに殺到しちゃうんじゃないかな。

山口 だから、「今がチャンスですよ」と上の人に言っているんだけど、響かない。

青木 応募者の半数以上が女性になっているんだから、デスクの仕事の仕方を変えないでどうするつもりなのかな。

白河 「仕事が好きな女は子どもを産まない」くらいに思っていますよね。

山口 「記者なんだから、イヌみたいに二人も三人も産まれたら困るよな」と言った人もいる。

白河 それはひどくないですか。今まで聞いた一番ひどい台詞は？

小関 私じゃないですけど、二人目の産休に入る女性が、「次は、腹の中、空っぽにして帰ってこいよ」って言われましたから。

佐藤 うちは、ある部署で妊娠が続いたときに「同時多発テロ」って言っていました。「同時多発テロを何とか乗り切りました」って。女性が妊娠することは一過性のものだと思っている。今はラッシュだけど、そのうちに収まるよって。

小関 テレビ局の制作部門は、若い女の子が行っても、いじめ抜かれているようなところがあります。「子宮を取れ」と言われたりね。悪気はないんだろうけど、「子ども産んだら終わりですよね」と言われたりとか。

佐藤　家族観は変革期にありますけど、私たちより若い年代の男性でも、家事育児を率先して実行しているのは一割弱じゃないでしょうか。理解は示すけど実行に移せない人が一、二割。あとの大半は「奥さんが働きたいなら、どうぞ。でも、僕は仕事はセーブしません」という感じです。

大手マスコミから社員が逃げ出す日

山口　私たちより若い人は結婚したらどんどん辞めていくんじゃないですか。

白河　大量退職する時代が来るかもしれませんね。今はネットなど、働きやすいメディアに女性記者が流出しています。

青木　無理しているのってワーママだけじゃなくて、それを管理しなきゃいけない管理職も、二十四時間がんばるマンの若手も、みんなすごく無理をしている。

佐藤　上が何も考えていないから、そのしわ寄せが現場のがんばるマンに行っちゃう。その不平不満の解消を当事者間でやっている。トラブルになったとき、時短を取っている人を動かして解決、みたいなのもあります。

山口　うちは今、人を減らされているので、本当に人がいなくてみんなが無理している。だから、「働き方改革」は響くんじゃないかと思う。

小関　個人個人には響いていると思うんですよ。

山口　響いている人が増えれば、少しずつ、変わるんじゃないかと思います。

青木　「女性三割」とはよく言ったもんで、女性が三割いるかいないかで全然違う。うちの部は、女性が多いから「すみません。お先に失礼します」って定時に帰るのは何の遠慮もいらない。「今日子どもが熱を出したんで、直帰します」って言える。だけど、他の部に行くと言えないんですよ。男だらけの職場に行った途端に口に出して言えなくなってしまう。

山口　幹部職候補の、たとえば政治部の人たちが「五時に帰ります」とか、「子どもが熱を出したので休みます」とやらないと、変わらないね。

小関　海外メディアは女性記者が多く日本のメディアとはあり方が全然違うと聞きます。一社じゃできないけど、メディアが一斉に変えたら少しはましになると思うんですけど。

青木　でも、残念ながら、「多様性がイノベーションを生む」という思考回路まで持ち合わせている人がいないですよね。せいぜい「多様性は認めるべき」くらいの認識にとどまっている。でも報道して世間に訴えることで業界も変わるのではと思っています。

白河　そうですよ。メディアに待機児童のことがもっと大々的に取り上げられていれば、今頃、待機児童問題はすでに解決していたかもしれない。大変だと思いますけど、がんばってくださいね。

彼女たちの言葉から、何が読み取れるだろうか？　多くの日本企業が直面している、人材不足や「女性を管理職にしたいが適任者がいない」という悩み。その原因の一端が見えてくる。さらに、働き方改革こそ、じつはこうした悩みに解を示すものだということも導き出されてきた。次章からは、さらに職場のダイバーシティの実現について探っていこう。

第五章——「女性に優しい働き方」は失敗する運命にある

話題になった「資生堂ショック」とは何だったのか

「働き方改革」の焦点のひとつは、ダイバーシティであり、そのためには、まず日本では生産人口の半分である女性がカギとなる。「女性の活躍」をどう引き出すかが重要だ。二〇一四年に「資生堂ショック」という言葉がマスコミやネットでよく取り上げられた。この「資生堂ショック」について理解すると、「なぜ長時間労働が負ける仕組みになってしまったのか?」という点と、女性活躍の問題点、さらに今後の方向性が見えてくる。

資生堂は、日本企業の中では珍しい社員構成で、国内社員数約二三九〇〇人中、なんと八三パーセントの約一九九〇〇人を女性社員が占めている(二〇一五年四月時点)。女性社員の多くは、ビューティ・コンサルタントと呼ばれる美容部員。一般の会社でいえば、現場の販売職だ。

そのような社員構成の資生堂がこれまでにとってきた施策をたどっていくと、女性の働き方の変遷と問題点がよく見えてくる。そしてこれは、資生堂ほど女性比率が高くない多くの企業にとっても、大いに参考になる。なぜなら企業は近く、働く時間や場所に制限のある「制約人材」だらけになることが予想されるからだ。

労働力不足により、どのような条件の人にも活躍してもらわないと人手が足りない。また、二〇一七年から、団塊世代が介護リスクの高い七十代に突入。今働き盛りの団塊ジュニア世代（一九七〇～七四年生まれ）の男性でも、いつ親の介護で「時間制約」を受けるかわからない。今のうちに、子育てと仕事を両立する女性への対策をきちんとしておくことが、その後の人材不足、介護での制約人材が増えることへの解決策になる。

まず、資生堂の第一ステージ。これは、仕事と家庭を両立できない「両立困難」のステージだった。

化粧品は土日、あるいは夕方に買いに来るお客さんが多いので、ビューティ・コンサルタントには土日出勤もあれば、デパートやモールの閉店時間に合わせて、夕方以降の時間帯の勤務もある。小さな子どもがいると、夕方以降の勤務が難しくなるので、以前は、出産を機に辞める人がほとんどだった。

しかし、社員が次々と辞めていくと販売現場が回らなくなってしまう。そこで資生堂は次のステージを目指した。

第二ステージは、仕事と家庭の「両立支援」。女性社員が育児をしながら仕事を継続できるように、手厚い支援策を導入していったのだ。

たとえば、育児休業制度は法定以上にして、子どもが一歳になるまでではなく、三歳まで取得できるようにした。出産後に復帰した女性は、法定では子どもが三歳になるまで短時間勤務（時短）ができるが、さらに小学校に入るまで時短ができるようにした。

資生堂に限らず、多くの企業が「法定以上の手厚い両立支援」を競っていた時期があった。マスコミも、「女性に優しい会社」として取り上げた。

もちろん、女性に優しい会社づくりは、悪いことではない。しかし、徐々に問題が生じることになった。

子育て中の女性は、時短勤務で早い時間帯のシフトに入るので、夜のシフトには、子どものいない社員が入らざるを得ない。土日も、やはり結婚していない女性や、子どものいない女性が出勤することが多くなる。

その結果、子どものいない社員にすべてのしわ寄せがいってしまうことになった。「子どもがいる社員」が優遇される一方で、「子どもがいない社員」の負荷が極端に大きくなってしまったのだ。どの店舗もそれほど多くの人数が配置されているわけではないから、子どものいない社員に負荷がかかりすぎてしまい、だんだん、その負荷に耐えきれない状態になってしまった。さらに追い打ちをかけたのが、イオンなどのショッピングモールの閉店時間が遅くなったこと。十時閉店だと、遅番の人は、勤務後何もできない。

なぜ、このようなことが起こったかというと、出産後に働き続ける女性社員が増えたからだ。

育休、時短の社員がチラホラというときには、「この人は、今はちょっと特別な時期だから、土日に出なくていいですよ。みんなでカバーしましょう」ということができた。しかし、育休、時短の社員が増えてくると、残りの人の負荷が大きくなりすぎて、限界に達してしまう。子どものいない社員に負荷がかかりすぎたため、夜のシフトに入る学生のバイトを増やしたりして、かなりフォローをしてきたが、それも限界が来てしまう。経営を圧迫するその限界は、時短社員が一五パーセントの割合だと、アパレルメーカーの社長から聞いたことがある。

そこで第三ステージの施策が必要となった。資生堂は、子育て中の女性たちと面談して、「土日のうち、どちらか出勤できませんか」と尋ねたり、「月に一回でも夜のシフトに入れませんか」と尋ねたりすることにした。

女性だけが育児を全面的に引き受けるのではなく、夫婦で協力して育児をすれば、子育て中の女性でも、土日に出勤できるようになる。子育て中だから土日はすべて無理、夜のシフトはすべてできない、ということではなく、家庭内での配分をしてもらい、仕事に出られる日は出てもらおうとしたのだ。

「両立支援」の第二ステージから、この第三ステージに移行する過程で、資生堂は「子育て中の社員も、土日のシフトに入ってください」というDVDを社員に配った。このDVDの配布が「女性に優しい会社が、女性に厳しい会社に変わった」と誤解されて伝わってしまったのが「資生堂ショック」だった。

ネットなどでは、「あの女性に優しい資生堂が変わってしまった」と受け止められた。資生堂としては、女性社員たちと話し合って丁寧に進めてきたわけだが、女性に優しい会社として有名だっただけに、世の中に大きなショックを与えてしまったのだ。

「女性に優しい働き方」という制度設計自体が間違っていた

「資生堂ショック」の実態は、資生堂が女性に厳しい会社に変わったというよりも、制度を利用する人数が増えすぎて「制度の限界を迎えた」ということだった。

筆者が予想するに、国の制度設計の時点で「子どもを産んで働く女性なんて、そんなにいないだろう」という想定で数を甘く見積もっていたのではないだろうか。

時短制度は二〇一〇年の育児・介護休業法の改正後に「事業主は、三歳に満たない子を養育する労働者について、労働者が希望すれば利用できる短時間勤務制度（一日原則六時間）を設けることが義務付けられました。また、三歳までの子を養育する労働者は、請求すれば所定外労働（残業）が免除されます」となった。制度のある事業所の割合は六一・三パーセントとなっている。また事業所における制度利用者の利用内訳を見ると、女性については「短時間勤務制度」が三九パーセントともっとも高く、次いで、「事業所内保育施設」一七・七パーセント、「所定外労働の制限」一五・二パーセントである（平成二十七年度雇用均等基本調査）。

育休取得後三割程度の女性が時短を利用すると言われているが、なぜ時短を利用するかといえば、「時短なし＝残業」の会社では、フルタイム復帰が難しいからだ。しかし時短は「評価されない」「収入が半減する」というデメリットがあり、ワーママのモチベーションが落ちる。ぶら下がり、または戦線離脱（離職）のリスクを高めてもいる。しかし時短制度のおかげで、「両立」しやすくなったことは確かだ。

余談だが、時短でお給料が落ちたと嘆くワーママに知っておいてほしい事実がある。

「二度の育休、時短を取ったとしても大学卒女性の標準労働者の生涯所得は二億円超、出産退職はマイナス二億円」という試算が出ているのだ（「大学卒女性の働き方別生涯所得の推計――標準労働者は育休・時短でも2億円超、出産退職は△2億円」。久我尚子ニッセイ基礎研究所　生活研究部　主任研究員）。

女性たちが「会社に留まることができる」ようにはなったが、その結果として「女性に優しすぎる制度」がつくられてしまった。言い換えるなら、「子育てをする女性には優しすぎて、子育てをしない女性には厳しすぎる」制度だ。

女性比率の高い会社では、制度を利用する人が大量に出てきて、一部の人に負荷がかかりすぎるという問題が出てきてしまう。その職場の「ギスギス感」が無視できない生産性の低下にもつながってくる。

「女性キラキラ職場」の問題点

これは制度だけの問題ではない。子育て期以前の女性が活躍し、子育て期に退職し、また新しい人材が入ってくるという「女性キラキラ職場」モデルの限界がある。

図6は「昭和女子大学　女子学生のための優良企業ランキング」（昭和女子大学女性文化

図6 女性が働く企業4タイプ
（昭和女子大学 女子学生のための優良企業ランキング）

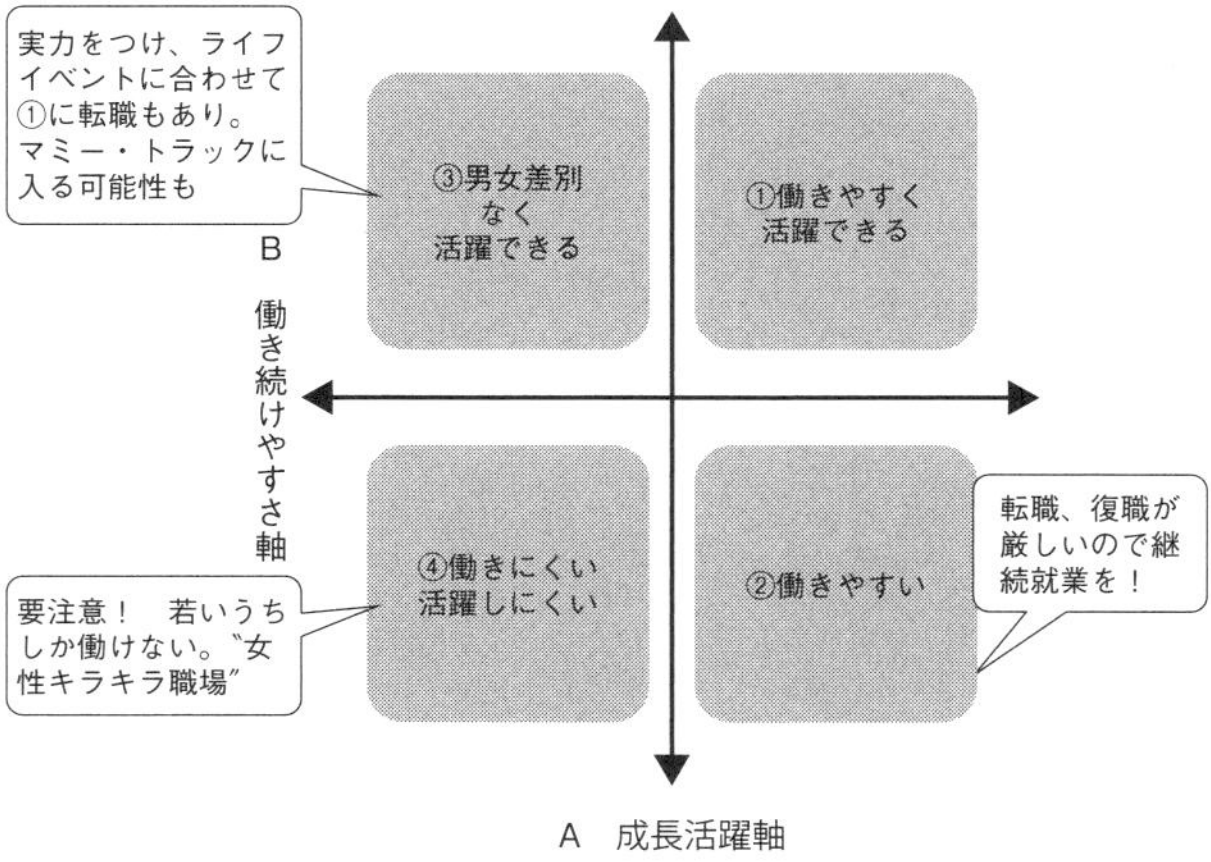

研究所）のプロジェクトで、私たちが分析に使った図である。

資生堂は④から②に移行し、さらに①に移行しようとしている。仕事が若い女性に限定され、多くの若い女性たちが楽しそうに働く職場④は要注意で、若い女性しか働けない、ライフイベントとは両立しづらい事情がある。私は「女性キラキラ職場」と呼んでいる。女子大学生があこがれるキラキラ感があるからだ。保育園やアパレルの販売員などもそれにあたる。若い出産前の女性の「長時間労働」をあてにした職場には限界が来る。

解決策を考える場合に以下の課題があ

る。

・時短の人材をカバーする人材に報いているか？（給与や評価など）
・土日のベビーシッター代など補助はあるか？（不動産会社などでは補填している）
・本当に若い女性にしかできない仕事なのか？（男性、年配の女性でもできるのでは？）
・本当に今の閉店時間は妥当なのか？（大型商業施設の閉店時間の問題）
・夫の職場はなぜ負担がないのか？（女性社員の多い企業が一番不公平感を感じている点）

前述した資生堂では「夫に手伝ってもらって」という台詞は面談では使わなかったが、当然、夫の育児への協力がなければ、これ以上の負担は無理という想定はあった。資生堂の販売員の家で「今度遅番になるから、この日は早く帰って来てほしい」という会話が交わされたはずだ。これまで企業は、女性に活躍してほしいと言いながら、男性の働き方を変えることはタブーとしてきた。働き方改革は企業がそこに手を突っ込んだという歴史的な転換点だったのかもしれない。男女の役割分担はすでに企業経営にとってもマイナスであり、負担になる局面に来ているということだろう。

「マミー・トラック」問題は解決できるか――

会社側は育児期の女性は、「コースから外れた」とみなしがちだ。子どもを産んだ途端に、メインストリートを外されて、脇道に入らざるを得なくなる。いったん脇道に入ったら、もうメインストリートには戻れない。こうした脇道は、「マミー・トラック」と呼ばれている。まわりは制限速度のない高速道路を走っているのに、取り残され感が半端ない。

一般的に、仕事の負担を減らす方法としては、「量の転換」と「質の転換」がある。女性たちは、仕事量を減らす「量の転換」を求めているのに、実際には仕事そのものを変えてしまう「質の転換」を求められるケースがほとんどだ。なかには、勤務時間が短いだけで、仕事の生産性を上げ、出産前と変わらない成果を出している人もいるが、評価は「時短だから」と低い。つまり「労働時間差別」があるのだ。

マミー・トラックに入ると、メインストリートに戻ることも、キャリアアップもできない。そうなると、本人たちのモチベーションは下がっていく。「お金さえもらえればそれでいい」と考える人が出てくるのは当然だろう。「ぶら下がり社員」になる人も出てくる。

最近は、子育てをしながら働く人が増えたことで、マミー・トラックすら満杯になっていて、行き場のない女性も出てくる始末だ。

復帰はしたものの、まわりは長時間労働で有給も取りにくい（ワークライフバランスがない）環境ではこんなことが起きる。

- マミー・トラックに入り、モチベーションが落ちる↓ぶら下がり社員に
- 迷惑をかけている意識＋活躍できない環境↓退職
- 残業が多く休めない、みんなが辛い職場↓マタハラが起きる
- フェアな競争ができない↓長時間労働できる人に負ける

女性活躍推進の波に乗って、今企業は「なるべく早い育休復帰、時短復帰」を望んでいるが、障害となるのが「残業」だ。

何年間もずっと時短で五時前に帰っていたのに、時短をやめた途端に、「明日からは毎日夜十時まで残業」というのは難しい。

私の知り合いで、出産前も後もかなりの実績を上げている人がいた。しかし四十代にな

ると、部下だった男性が昇進して上司になったそうだ。彼女に言わせると、その男性は、大した実績を上げてきたわけでもなく、「何もできない男」だった。「あの男にハンコをもらわなきゃいけないなんて、耐えられない」。彼女は、そう嘆くことしきりだった。

もちろん、休業した人間と、その間もコツコツ働いてきた人間とで、ある程度の差が生じるのは仕方がないことかもしれない。しかし、現在の日本では、どんなに実績を上げてきた女性でも、育休を取ると過去の実績は「すべてチャラ」になることもある。法律では育休を取ったことで不利益な取り扱いをしてはいけないことになっているが、現実にはこんなことはいくらでも起こっている。

ある広告代理店に勤める四十代の女性は子どもが三人いて、非常に仕事ができるが、意識的に労働時間に限界を設けるようにしている。そのため、成果は上げているが、無駄な仕事は断っている。すると上司から「今は子どもが小さいから仕方ないね」と言われるそうだ。つまりは「子育て中で時間に制約があるあなたには期待していない」「子育てが終わり、時間の制約がなくなったあなたに期待している」というわけだ。

彼女たちの能力自体は、子育て中であろうと労働時間に制約があろうと変わらない。にもかかわらず労働時間に制約があることで優秀な人たちを差別するシステムは、じつは大

図7　「両立支援」から働き方改革への流れ

フェーズ1 第一次均等法 （女性のみ）	□男女平等に活躍できる（マッチョ滅私奉公な男性に合わせる）
↓	
フェーズ2 両立支援 （女性のみ）	□女性に優しい企業 □時短勤務など制度充実 □女性の育休取得100％
↓	
フェーズ3 働き方改革 （男女）	□全体の脱長時間労働・上限規制 □柔軟な働き方（在宅、フレックス、子連れ） □労働時間から、時間当たり成果へ（評価） □有給取得率を上げる（平均は48.8％） □育休復帰、時短復帰を早期に □選べる働き方

きなロスにつながっている。

こういう扱いに耐えられない人は、会社を辞めていってしまう。

「時短ではない社員は途中で少し休憩したり、のんびり仕事したりして残業までする場合も多い。それに対して、私はとにかく短い時間で業務量をこなさなくてはならないので集中して仕事をしている。それでも、ただ『時短』というだけで評価が下げられてしまうのは、仕方がないとは思いつつも、どうにも納得できない」という声も上がる。

子育て中の女性には、目に見えない不利なことがたくさんある。

このように、両立支援だけでは、活躍

は難しい。そこで第三のステージに移行する必要が出てきたのだ（図7）。

働き方改革は女性活躍の第三ステージ

女性活躍の原点は、三十年ほど前の男女雇用機会均等法（均等法）。一九八五年に制定され、八六年から施行された。

均等法によって男女が均等に活躍できるようになると言われたが、それは女性が男性の働き方に合わせることが条件だった。つまり、「二十四時間働ける、いつでも転勤可能な男性の働き方」に合わせた女性だけが、均等に扱われたのだ。

八六年以降に総合職として採用された女性たちは、「均等法第一世代」と呼ばれているが、出産・育児をしながらの長時間労働は両立不可能であり、子どもをあきらめて仕事を選んだ女性もいるが、結局、多くが辞めていってしまった。辞めなかったわずかな女性たちも「独身」や「子どもを持たない」人が多い。

「これではいけない」ということで出てきたのが両立支援だった。企業は競って「女性に優しい企業」になろうとした。

厚生労働省に行動計画の届け出を行ない、一定基準を満たした事業者には「くるみん」

というロゴマークの使用が認められた。言わば、「我が社は国から『女性に優しい企業』と認められました」というマークだ。ただし「くるみん」は、制度が充実していて目標を達成していれば取れるものであり、どういった運用がされているかは問われない。そういう意味では「制度つくって魂入れず」の企業も結構あったのだ。

両立支援策によって、女性が継続して働きやすい環境は整ったが、両立支援制度は福利厚生であり、活躍支援ではない。むしろ使うほど、昇進もキャリアアップも望めない。その結果、本章で見てきたように、モチベーションの下がった「ぶら下がり社員」もたくさん生まれることになったし、やる気をなくして辞めていく人もいる。

さらに、企業が両立支援を一生懸命にやってきた割には、じつは、出産後に働く女性の数は大して増えていないのだ。

一九八五〜八九年、二〇〇五〜二〇〇九年を比べてみると、育休を利用して継続して働く女性の割合は、五・七パーセントから一七・一パーセントまで三倍以上に増えているが、出産後継続就業率は、二四パーセントから二六・八パーセントに増えただけで、伸びはわずか二〜三パーセント程度だ。

育休は取るけれども、その後に正規社員として継続して働き続ける女性はあまり増えていない。出産・育児によって辞める女性は現在五割弱。また、女性の管理職比率も上がらない。女性に優しい制度は「産む×働く」は実現したが、「産む×働く×活躍」まではいかなかった。

ここまでの考察から導き出されるのは、女性が活躍するためには、以下の三条件が揃わないといけないということだ。

①長時間労働を是正し、時間単位の成果でフェアに評価されること
例：大和証券　二〇〇七年から十九時前退社を徹底し、女性の支店長が一一八店中二二名（一八・六パーセント）
②年功序列の廃止。年次と仕事を結びつけない
年次と関係なく、柔軟な昇進、活躍のチャンスが必要
③父親の家庭参画の促進
例：スウェーデンのパパ・クォータ制（父親のみ取得できる育休期間）
フランスの男性産休（十四日間）
英国の両親が全期間を分け合える共同育児休業

ドイツの両親手当プラス、パートナーシップボーナス制度　など

「十年で一割になる女性営業を活躍させる」ための試み、「新世代エイジョカレッジ」の調査では、営業女子の活躍を阻む最大の要因は「労働時間」だった。

様々な業種の企業の営業女性の若手エースを集めた「新世代エイジョカレッジ・サミット二〇一六」のアンケート「エイカレ白書」でわかったことは以下の通りだ。

- 女性営業が十年で一〇分の一まで減る理由は「長時間労働で子育てと両立できそうにない」だった
- 働き続け、管理職になるための障壁になっているのも同じく「長時間労働」だった
- 上司と女性の意識の乖離も明らかになった。「営業で短時間勤務は顧客に迷惑」「営業職は子育てとの両立が難しい」には、いずれも女性はそう思っている人が多いのに、上司（男性）は意識していなかった。

働き方改革の先進事例で「長時間労働の是正と女性活躍はセット」であることは、おわ

図８　長時間労働是正が女性活躍にもたらす効果

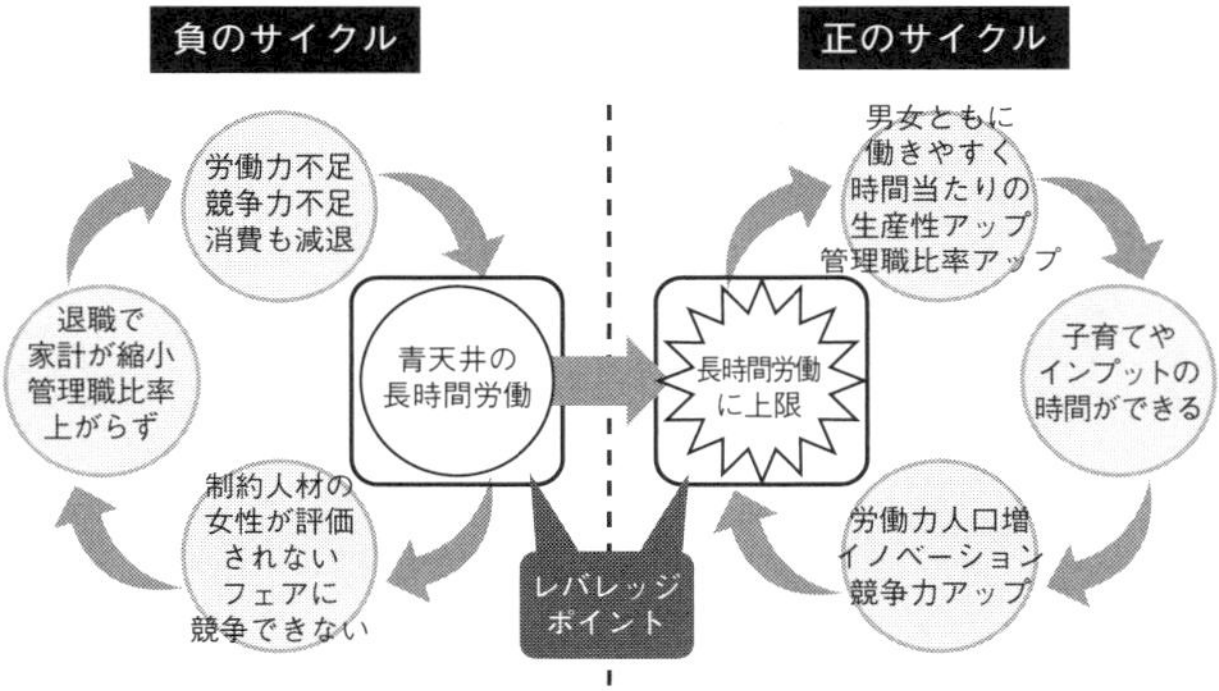

かりいただけたかと思う。さらに柔軟に場所と時間を選べる働き方（テレワーク）や、理由を問わない休職や再就職制度などがあれば理想的だ。今までは女性の働き方を変えるだけだったが、ここにきて「働き方改革」で、ついに女性だけでなく男性の働き方にも手が入った。

ひょっとすると「女性に優しい日本の十年」は無駄だったのではないか？　両立支援を厚くするのではなく、欧州なみの労働時間の制限や、柔軟な働き方、ＩＴ投資など「働き方改革」を先にやれば、「女性に優しい十年」の回り道は必要なかったのかもしれない（図８）。

女性たちと話をしていると、まだまだ女性が働くのは「特別なこと」で「やりがい」や「社会への貢献」がなくてはと考える人が多いように思う。

「やりがいのある仕事から外された」「子どもを預けてまでする仕事なのか」と辞めていく女性たちを見るたびに、「制度があるなら全部使ってもいい。ぶら下がってもいい。いずれ子どもは育つし、働くことを長い目で見てほしい」と言いたい。なにしろ、正社員で働き続けるのと辞めるのとでは「マイナス二億円」の差があるのだから。

私はずっと女子学生たちに「お金のことも考えて」と言っているのだが、「大黒柱は男性」で「女性の収入は補助的なもの」、つまり「辞める自由がある」と考えたい人が多いのだ。養ってくれる男性と結婚できると固く信じている。

しかし、この不安定な時代、今や専業主婦になることはかなりリスキーで贅沢なことである。離婚率を考えても、結婚はいわば「三割倒産する会社」であるし、子育てで無職の間に離婚でもすれば、貧困のシングルマザーまっしぐらというリスクは見逃せない。

インターネット調査で、既婚・子どもありの働いていない女性に聞いたところ「経済的に働く必要がないので今後も専業主婦でいる」という人は二・七パーセントだった（「都市と地方における子育て環境についての調査」厚労省・二〇一一年）。また、元横浜市副市長であり、甲南大学マネジメント創造学部教授の前田正子氏によれば、生涯未婚率と離婚率を合わせると「五十代時点で四人に一人の女性は自分の力で生きていかなければならない」そうだ。女の子を持つお母さんはぜひこのことを知ってほしい。

日本の生産性が低いのは、女性の生産性が低いから――

女性が働く意味は、女性にとって、家計にとって、会社にとって、そして社会にとっても変わってきた。

家計

- 雇用が安定しない若い世代が急増（就労環境のリスク）
- 一九九七年から男性不況（男性の大黒柱機能の喪失）
- 夫婦共働きのＤＵＡＬエンジンで安定する家計

企業（産業構造の変化）

- ダイバーシティの必要性（イノベーション・リスク回避）
- 人材不足
- 人材流出のコストが大きい

社会にとっての「女性が働く意味」もとても大きい。フランスで「なぜ女性の両立を支援するのか」と聞くと、「女性が働いてくれないと国が困る」「子どもの貧困防止になる」という理由が返ってくるそうだ。そのかわり、社会は「子育て支援」に相応の負担をしている。

デービッド・アトキンソン氏によれば、「日本の女性の収入は男性の半分」で、「ほかの先進国の八割に比べると異常に低い」「日本の生産性が低いのは女性の生産性が低いからだ」という（アトキンソン・二〇一七）。

私はこれまで、女性に向けて「働いて」と言ってきた。それは、女性自身のリスク、貧困リスク、離婚リスクを回避するため、また、望んでいる結婚や子育てのチャンスを逃さないためだった。しかし、どうやら国のためにも本当に女性が働くことが必要な時代がやってきたのだ。

アトキンソン氏はこうも言う。

「女性に同一労働を求めると出生率がさらに下がるという指摘もありますが、それはデータに基づかない感覚的な指摘にすぎません。海外だけではなく、国内でも、有職女性のほうが出生率が高くなるというデータがあります。女性の生産性を高めるか、移民を迎えるか、社会保障を諦めるか。私には、答えは明らかだと思います」

働き方改革で家庭はこう変わる

私が「働き方改革実現会議」に提出した資料に、日本の女性の大変さを表すデータがある。労働経済学者の大石亜希子さんの報告によると、「日本の女性は世界一寝ていない」というのだ。しかも大石さんの別のデータでは、パートや正社員などで働く有償労働と、家庭内をケアする無償労働を合わせると、「日本の女性は世界一労働時間が長い」のだ。

すでに有償労働でも、フランスの男性より日本の女性のほうが働いているほど。「活躍しろ」と言われても日本の女性は目一杯時間を使っているので、これ以上は無理なのだ。

私は、「日本人は働き過ぎか？」という問いには「女性に関しては働き過ぎ」といつも答えている。

前述のアトキンソン氏の要望に応えるには、やはり「働き方改革」、それも「男性の働き方改革」で、男性を家庭に帰し、その分女性が外に出られるようにするしかない。

女性活躍と男性の家庭進出はセットなのだ。

ひとつの家庭で考えると、夫の労働時間が長すぎると妻は外で働けなくなり、どうしても辞めるか、パートタイム勤務にならざるを得ない。無収入になるか、または極端に収入が落ちる。現在、六十五歳以上の単身で暮らす女性の二人に一人が相対的貧困ラインの下である。夫婦で子育てにすべてつぎ込み、自分の財産を築けず、夫が亡くなったり、または離婚したりした後に貧困になる。これでは出産によって、女性が失うものがあまりにも多すぎる。だから、今の少子化があるのではないか？

前述したように、大卒女性の場合、出産後育児休暇を二回取り、その後、時短を取りながら復職した場合でも、生涯年収は二億円以上になる。

男性が自分だけで生涯年収を今より二億円以上増やそうとしても、かなり難しいだろう。つまり男性一人が働きすぎることで、家計的に損をしているし、女性に仕事をさせないことで、日本の国力としても非常に損をしているのだ。

つまり、女性が安定した雇用に就き、男性も家事や育児をして、二人の年収が減らないようにすることが、個人にとっても国にとっても、これからの「最適化モデル」なのだ。今後は「共働き」「共育て」で、家庭内ワークシェアをし、「ワンオペ育児」から「チームで育児」へと移行していくこと。それが、少子化に悩む地方にとっても、一番の正解ではないだろうか。

なぜ女性は管理職になりたがらないのか

女性活躍を妨げる一番の要因は「長時間労働、プライベートを無視した男性中心のマッチョな滅私奉公」ということは、これまでに紹介してきた働き方改革の実例でおわかりいただけたと思う。労働時間改革に着手すれば、「女性活躍」はセットでついてくるのだ。逆に、いくら女性活躍の旗を振っても、働き方が「昭和マッチョ型」のままでは、そこで活躍しようという女性の数は増えない。

しかし、それでは「女性だけへの支援」は必要ないかと言えば、まだまだそれも必要な段階だ。なぜなら、今の企業社会の働き方は徹底的に男性優遇であり、男女役割分担の意識が男性も女性も強いままだからだ。会社の風土や女性の意識、ひいては子育てのパートナーである夫の意識にも働きかけるような、何らかの支援はまだ必要な段階だ。

あるセミナーで、長時間労働などの環境はすべて「クリア」したと仮定して「意識」の問題だけにフォーカスしてみたら、女性が管理職になりたくない理由がこれだけ出てきた。

○そもそも管理職にあこがれない
↓女性は時間とお金が見合うかを冷静に判断している。今の管理職を見ていても責任は重く、長時間労働なのに、残業代がつかず、収入が下がる恐れもある
↓男性には地位、女性には時間とお金が魅力的

○管理職になるように育てられていない
↓お金を稼ぐのは男性の役目という意識（＝家事育児は女性）
↓自分の父親が家事育児をしている姿を見ておらず、想像できない
↓夫より出世すると面倒なことになる
↓企業からも育成されていない、期待されていない

なぜ女性は管理職になりたがらないのか――これまでずっと、「女性は意識が低く、そのため管理職になりたがらない」とも言われてきた。しかし、実際には違う。女性の意識が低いのではなくて、女性が管理職になりたいと思えるような環境が整備されていないの

だ。やはり「管理職＝長時間労働」の環境問題だ。

そしてもうひとつの意識の問題。

第二章で紹介したように、カルビーの松本会長は、女性が管理職になりたがらない理由を「責任と報酬のバランスの悪さにある」と言っていた。

長時間労働でも残業代はつかず、収入が下がる……。管理職になることのメリットとは何か？　それを考えずに無理に「女性の管理職」を増やそうとしても、いつまでも一定数に留まってしまうだろう。

女性活躍推進法の成立以降に、今まで一人も女性課長がいなかった会社で、一気に一〇人以上の女性課長が誕生したところもある。無理やり女性を引き上げたわけだが、筆者はこれには大賛成だ。

女性の中には、無理やり管理職にさせられて迷惑だと思っている人もいる。でも、本人にとっては迷惑でも、結構いい管理職になるものだ。

特にこれから「ダイバーシティ」のある職場を束ねるには「俺についてこい」型の男性に多いリーダーシップではない、別の形のリーダーシップが必要だ。静岡県立大学の国保祥子さんによると、女性に多いリーダーシップスタイルは「変革期に成果を出しやすい」、また「女性を育成すれば組織に変化をもたらす変革型のリーダーになる可能性がある」ともいう。以前、『跡取り娘の経営学』（日経BP社）という本を出したとき、彼女たちは二代目三代目社長で、まさにそのようなリーダーシップを発揮し、父親とは違うやり方で、老舗を再生させたことを思い出した。

女性リーダー育成のためのユニークな試み

働きかけの具体的な例として、ここで私が実際に取材した、女性活躍に必要な支援の中でもユニークで効果が高いと思われる二つの試みを紹介したい。

最初に紹介するのは、スリール株式会社が実施している、ワーク&ライフ・インターンシップという取り組みだ。フランス語で「笑顔」を意味する言葉を社名にしたスリールは、「誰もが笑顔で自分らしい人生を生き、笑顔で子どもを生み育てられる社会」を目指し堀江敦子代表（当時二十五歳）によって二〇一〇年に設立された。

スリールの事業のキーワードは、「両立不安」。女性が仕事と子育ての両立に直面する前から、不安を抱えてしまうことを意味する造語だ。七月に出した「両立不安白書」によると、「『仕事と子育てを両立する』ことについて、不安を感じた経験はありますか？」という問いに対し二十～三十代の働く女性（未婚または既婚でも子どもがいない）のじつに九二・七パーセントが「はい」と回答しているのだ。

では子育てをしながら仕事を続ける意欲がないということなのかというと、決してそんなことはなく、子育てと仕事を両立したい、その意欲があると回答したのは九〇・六パーセントというアンケート結果もある。

仕事への意欲に関しては「現在の仕事は充実していますか」という問いには八割超、「求められればマネージメント（管理職）も経験したい」には六六・五パーセントが肯定的な回答を寄せていて、意欲が充分あることがわかる。

ところが、「『仕事と子育ての両立』への不安が原因で、妊娠／出産の時期を遅らせることを考えたことがありますか？」に対しては「はい」が四六・六パーセント、「転職・退職を考えたことがある」のは五〇・四パーセント。つまり、仕事は充実していてもっと先に進みたいと考えてはいるが、現実にはライフイベントである妊娠と出産、子育ての時期を先送りするか、または仕事の環境を変えてしまうことで対応しようとしていることがわかる。

お金と時間をかけて育てた女性たちが管理職になる前に、会社から離脱してしまうリスクは、企業にとっても見逃せない。

こう考えるようになった背景には、次のようなライフイベントへのイメージがあるようだ。「子どもが生れたら、自分が家事や育児をメインでやることになると思う」が八二・四パーセント、妊娠・出産、子育てはパートナーなしでは考えられないライフイベントではあるものの、パートナーに助けてもらおうというつもりがないことがわかる。

そしてその子育ては、「『時間』をかける必要がある」九四パーセント、現在行なっている仕事に関しても「『時間』をかける必要がある」が七七・三パーセントと、子育てと仕事の両方が非常に時間がかかる――時間をかけるべきものというイメージがあり、両立に不安が募るのも無理はないと思わざるを得ない。

女性が活躍できる社会のためには、仕事に就く以前の学生時代や社会人として若手の時代から、「両立前」の支援を始めるべきではというのが堀江社長の考えなのだ。

「共働き家庭を体験」するインターンシップ

そのため、スリールのワーク&ライフ・インターンが対象とするのは、未だ社会に出ていない学生たちだ。このインターンシップの体験プログラムは、共働き家庭で学生がペアで四カ月間インターンするというもの。保育園へのお迎え、食事の準備、お風呂などを通して共働き家庭の日常を体験するほか、座学プログラムと交流プログラムがあり、体験プログラムで学んだことを深め、最後は課題解決のためのチームプレゼンまでである。このプレゼンは質が高く、その場で審査していた企業の人から「うちで事業化したい」と言われるぐらいだ。

現在までに参加した学生の数は六二三名（二〇一七年六月現在）。男女比は二対八ではあるが、男女ともに少し先の未来を体験することができるようになっている。

このインターンシップでの体験が、学生をどのように変えるのか。

スリールでは、仕事と子育ての両立不安にモヤモヤしている女子学生を四つのタイプに分類している。基準は行動する／しないと、目的のある／なし。

それぞれのタイプにインタビューする機会があったので、その内容を以下に紹介する。

【バリバリタイプの肩の力が抜けた】

「ワーク&ライフ・インターンシップを経験して、肩の力が抜けた」と語るゆみさん（仮名）は、行動力があり、目的もあるいわばバリバリタイプ。現在はサービス産業に勤務する社会人二年目だ。父も母もフルタイムで働く家庭で育った。

漠然と仕事をしたいという希望を持ち東京の大学に進学したものの、女性の仕事は母の仕事（医療専門職）しかイメージがない。

一人っ子のため、小さい子どもの世話はまったくの未経験。「子どもと全力で向き合った結果、女性が働いて子どもを育てることへのイメージができた」と振り返る。インターン家庭の母親に接した結果、「ストレートに向き合える仕事を持っているってかっこいい」と思うようになり、今の会社も「日本を元気にしたい」と考えて選んだと言う。

真面目でがんばりすぎてしまうバリバリタイプのゆみさんは、現実の共働き家庭を知ることで逆に肩の力が抜け、自分ひとりで何でもがんばらなくてはという思い込みを払拭《ふっしょく》できたという。


【専業主婦志望がキャリア系に】

インターンシップを体験して「人が変わったようにキャリア系になった」わこさん（仮名）は、現在人材派遣会社の二年目で、帰宅の遅い父、母は専業主婦という家庭で育った。結婚退職は当たり前と考えており、就活はほどほどにしていた。だが、学生時代にインターンシップに参加して、彼女は目標をキャリア系に置くようになった。

その理由は、共働き家庭に抱いていたイメージが変わったから。「協力しながら夫婦が乗り越えてふたりとも自立していてすごくいいなぁ、自分もできるならなりたい」と目的を持つようにもなった。もともと行動力のあるわこさんは、「たとえ今環境が整っていなくても自分なりに何とか切り拓いていけるのではないか」と考えるようになったそうだ。


【彼の転勤のための専業主婦志望を返上、地方で就活した自信】


「専業主婦志向で就活には後ろ向きだった」あやさん(仮名)は、目的はあるものの実際には行動しないタイプ。社会人二年目で既婚である。

大学三年生から遠距離恋愛が始まっていた転勤の多い彼。彼と結婚してもできる仕事はと考え、いわゆるサロネーゼ(自宅で教室を開くこと)になろうと料理等を習っていた。

結婚の予定があり就活はしないつもりだったものの、その後就活して職を得ている。変化の理由は、インターンシップ家庭にあった。母親の仕事は料理研究家で、アシスタントに入った彼女が見たのは、ふだんはおっとりした母親が目の色を変えて仕事に打ち込む姿。「自分が夢中になれる仕事を見つけたい」と願うようになったのだ。

就職しようと決めたが、家庭をつくることは譲れない。そこで、知人が誰もいない彼の任地で就活をして見事成功。

「働いて本当によかった」と言うあやさんは「彼の職場がブラックなので、彼が転職してもいいと思っています。彼がどこに行こうと、働いていける自信がつきました」と言う。

【働く意思はあるが未来の家庭のイメージがない】

インターンシップ後に「まず働いてみないとわからない、始まらない」と思ったりなさん（仮名）は、仕事とライフイベントに対しては特に目的もなく行動もしないタイプだった。現在、印刷会社の営業二年目の彼女は、自分の父は定時に帰宅することはほとんどない会社員、母は結婚退職後にパートという家庭で育った。母の存在を反面教師として「経済的な自由は自分で確保したい」と働く意思はあったものの共働き家庭のイメージがなく、学生時代にインターンに参加するまではどうしていいかわからなかった。

父が新卒から定年まで同じ会社で勤め上げたタイプだったために、「インターン先の家庭の母親が転職経験者で、転職は悪いことではないと学べた」のも収穫だった。りなさんのように自分が育った家庭とは別の形態の家庭を志向する場合、実地に体験することで将来の方向性がはっきりしたというケースは多い。

『フランスはどう少子化を克服したか』（新潮新書）を書いたジャーナリストの髙崎順子さんが「日本の女性は自分の幸せを自分でデザインしていない」と仰っていて、はっとしたことがある。前述の女子大学生四人も、自分がどうしたいかよりも周囲の様子をうかがって、何となく合わせて行動していたのではないだろうか。それは大切に育てられたからこその弊害で、日本の多くの女性たちの姿でもあるのかもしれない。

しかしインターンシップの期間中は、周囲の大人から何度も「あなたはどうしたいの？」と訊かれるのだという。そこで初めて彼女たちは自分がどうしたいのかまったく考えていなかったことに気づく。ほかに自分では気づかなかった長所を褒めてもらえたり、ロールモデルやメンターに出会うという体験が彼女たちを変化させる契機となるようだ。

スリールでのインターンシップ体験は、「モヤモヤ」から一歩抜け出させる、両立不安を乗り越えるブレイクスルーとなっているのかもしれない。

授乳しながら学べる育休プチMBAで管理職志向に――

「仕事に戻りたくない……」。一人目の育休明け直前のMさん（現在三十五歳・二児の母）は悩んでいた。仕事は医療関連の営業職。育休中はとにかく育児にフルコミット。復帰直前は「辞めてしまおうか？」とさえ思った。

そんな「へなちょこ営業だった」というMさんだが、現在二児の母でありながら、本社に異動して海外プロジェクトを担当し、年に何回も海外出張にも行っている。昇格してチームリーダーも務めるようになり、年収も二倍弱になった。彼女を変えたのは、育休プチMBAとの出合いだ。

「出産後の昇格や海外のプロジェクトなど、昔の自分は一ミリも考えていなかった。実現できたのは育休プチMBAに出合ったから。出合いや学びで、人はここまで変わるんだと自分でも驚いています」

夫の育児への関わり方も変わった。妻の仕事の状況が変わるにつれ、強制的に育児にコミットする機会が増え、しっかりそれに対応してくれている。

育休プチMBAで学んで一番変わったことは何かと聞くと、

「どうやったらチームに貢献し、成果を出せるかということを第一に考えて動けるようになりました。ゴマすりでも何でもなく、上司が成功するにはどうすればいいか考えます」

個別最適から全体最適を考える思考力がついたということだ。

二十代は「『女子営業あるある』で、一生懸命お客さんのためにやるけれど、成果はなかなか出せないタイプ。お客さんの笑顔は嬉しい……でも成果につながらず悶々と悩んでました」という。

しかし第二子の育休中に、育休プチMBAで学び、驚いたのは「早く成果を出せるようになったこと」だ。

「一人目の育休復帰後は『成果を出した』と言えるまで一年かかった。でも二人目のときは三カ月で成果が出たんです。『営業成績全社で一位』は独身時代ではなく、子どもを持ってから達成しています。育休プチMBAの後はもっとポジティブに成果を追い求めてもいいんだと思うようになった。本当に変わりました。かつてのへなちょこ時代を知っている上司はびっくりしています」

スリールが就業以前の年代にアプローチする働き方支援なら、株式会社ワークシフト研究所はまさに妊娠・出産後の子育てと仕事の両立不安に直面している、産休および育休中の女性への働き方支援だ。

ワークシフト研究所が非営利事業部門として提供している産休・育休中の女性向けのプログラムが、二〇一四年に始まった「育休プチＭＢＡ」だ。

同研究所の国保祥子所長が監修するプログラムの目的は、産休育休を取得し女性がスムーズに復職すること。私も「ケースメソッド講師」の資格を持ち、ケースメソッドによる女性のキャリア支援を勉強中なので、何回も講座に参加している。講座で出会った参加者は、出産後も働こうと育休を取ったものの復職後への不安を抱いている。

また意外にも「二人目の育休です」という人が多い。二人目であれば三十〜四十代前半ということでそろそろ中間管理職として、プレイヤーからマネジメントへの転換を求められる時期でもある。が、一人目のときに育休復帰がうまくいかなかった、どうしたらいいのか、というモヤモヤを抱えているのも二人目育休中の女性の特徴でもある。

「制約人材」に必要な実践力

ＮＨＫの調査によると、「マミー・トラックを経験した」という復職女性は四人に一人（二〇一六年調査、一三〇〇人）。

妊娠以降の離職は出産前（第一子出産前に六割）と出産後に見られるが、じつは出産後一年以内での離職が多い。出産後、育休復帰してから一年以内という危ない時期にアプローチしようというのが、育休プチＭＢＡの狙いだ。

育休プチＭＢＡの参加対象は、育児休業中の男女、産前休業中の女性、復職経験者で就労中の男女。いわば制約人材とその予備軍だ。特長は、生後二カ月から一年までの乳児を同伴でき、ディスカッションしながらの抱っこ・授乳・オムツ替えＯＫというスタイル。「授乳しながらも、脳みそと目と口は動かせるんだ」と参加者は驚くが、もともと女性はマルチタスクが得意なせいか、好評だという。

産休育休中の女性には、「大人と話をしたくてたまに児童館に行ってみても、そこで会うママたちは、働いているのか、どんな働き方をしたいかということから探り探り話題を選ばないといけない」（外資系フォワーダー・三十代後半・子ども三歳と〇歳）という悩みがある。外に出て大人と話をしたいと思ってはいても、壁となるのは乳幼児の存在。

研修にはケースメソッドを使うので、ディスカッションも含めて二時間以上かかる。誰かに預けたとしても授乳の必要のある長さだ。育休プチＭＢＡの会場では、同伴の子どもに授乳できるため、出かけるハードルがほぼないというメリットがある。

このプログラムは、慶應ビジネス・スクール出身の国保祥子さん（現・静岡県立大学講師・ワークシフト研究所所長）がNPO法人マドレボニータの提供する産前・産後ボディケア教室で知り合ったママ友から「経営の勉強をしたい」との要望を受けて始まった。

育休プチMBAでは、制約を持ちながら働く人材に必要な実践力を以下の三つに定義し、これらの力をビジネス・スクール（経営大学院）等の実務家育成の場で活用されているケースメソッド教育によって習得することを目指している。

（1）まわりの力を借りて成果を出すマネージャー思考

プレイヤー思考から、「他者を使ってものごとを成し遂げること」と定義されるマネージャー思考にシフトするために必要な思考。時間に制約のある制約人材が組織に貢献するためには、自分が効率的に働くのはもちろんのこと、他者の力を借りながら成果を出すための思考が求められる（詳細は中原・二〇一四）。

（2）リーダーシップの構造づくり軸

「リーダーシップ」は、組織メンバーの役割やタスクを定義する行動（構造づくり軸）と、信頼関係や感情へ気配りする行動（配慮軸）を統合した力として定義される。長時間勤務ができない制約人材が滞りなく業務を担うためには、構造づくり軸の要素を鍛える必要がある。

（3）両立上の「壁」を乗り越える力

復職後に直面するさまざまな苦境（壁）をプレビューし、あらかじめ冷静に対策を検討しておくことで、いざというときにその力を発揮できることを目指す。

なぜこういったスキルや知識が必要なのか。制約を抱えた人材が会社の中で活躍していくには、自分だけで抱え込まないでほかの人と一緒にものごとを成し遂げる、いわば管理職思考にシフトする必要があるからだ。

もちろん企業にも管理職研修はあるが、ライフイベントとは結び付けられていないこともあり、管理職への昇進を考えずに働いている女性にはリーチしづらかった。「考える立場によって、これほど見え方が変わるのかと。経営目線で考えることの難しさと、面白さを知った」（医薬系サービス・三十代前半・子ども〇歳）。自分の仕事だけをきっちりやる個別最適から、全体最適への視点のある人材となれるのだ。

たとえば自分が不在のときに業務が滞らないような体制が会社にないなら、自分でつくっていかなくてはいけない。まわりを巻き込む必要もある。仕事のチームには自分のほかにも介護中などの制約人材がいるかもしれない。制約人材として仕事およびチームを回していくという経験をしたことで、期せずして良いリーダー、ひいては働き方改革の時代に最適なマネージャーになれる可能性があるのだ。

働き方改革の時代に求められる能力とは

「『うちの会社の女性は意識が低い』は、経営者次第で回避可能な問題」と、国保氏は言う。もちろん、復職研修を実施する企業は多い。だが、「育休復帰女性」を部下にした経験のない上司が不用意な発言をしてそれっきりモチベーションダウンになってしまったり、女性自身も今後に自信が持てないために、アピールもなく管理職をやりたいともなかなか言えなかったりする。重要な場ではあるが、うまく活用できていないのだ。

「企業が制約の内実を把握できていないため、環境整備で解決できるものが多いということに気づいていない。女性側も責任感が強いがゆえに、仕事と子育ての両立に確信が持てない状況で仕事を引き受けることにためらいがある。そこのミスコミュニケーションを正し、お互いウィン－ウィンの状況に持っていくための手段が、この『育児休業中』の『経営者思考のトレーニング』なのではないか」

働き方改革が目指すのは、一見制約となるような条件があっても自分の能力を精一杯出していけるような時代。そこで多様な人材の力を引き出せる能力が、新しい管理職のスキルとして求められる。復職女性という制約人材が管理職を意識するというのは、逆転の発想と言えるのではないか。

スリールとワークシフト研究所、どちらも女性の働き方を改善するアプローチをしている。共通しているのは、迷いなく進んでいくバリキャリではなく、ちょっとモヤモヤしている層――不安はあるが、進んでいきたいと願っている層――にしっかりアプローチしている点だ。

女性の仕事に対する意欲は2：6：2と言われている。二割は何があってもバリキャリを目指す。二割は誰がなんと言っても「家庭に軸足」を置く。残り六割が「モヤモヤ」層で、ここはアプローチ次第でどちらにも転ぶ。この層が「大丈夫。働ける」と思うことが、今後生き生きと働く女性を増やすカギだ。

育休プチＭＢＡだったらケースメソッドという疑似思考体験、スリールだったら現場に足を運んで自らロールモデルに会って、体験する。それぞれ手法は違っても、「モヤモヤ」を可視化することで、何とかなるんだということを見せている。不安を取り除き、自信へと転換していく試み、その先に未来の希望が見えるのではないだろうか。

第六章——社会課題としての長時間労働

働き方改革は暮らし方改革。働き方が変われば、当然暮らしも変わる。働き方は、経済や企業、労使だけの問題ではなく社会全体の問題である。日本では昭和の働き方から長らく変化がなく、働き方が変わらなければ、暮らしも、男女の役割分担意識も変わらない。逆に言えば、今働き方が変われば、暮らしも変わる。その中でも長時間労働は倒すべきセンターピンだ。

長時間労働是正で少子化を食い止めよ

少子化対策というと、国のために「産めよ、増やせよ」に聞こえるが、私の課題意識は「望む人が望むときにパートナーを持ったり、子どもを持ったりできること」である。個人の望みを叶えるのに、ハードルがあれば、それを取り除いていくのが政策だと思っている。個人の生き方の選択肢がまず先にある。なぜなら、国のために子どもを持ちたいという女性はいないからだ。フランスは少子化対策に成功したと言われているが、じつは「少子化対策」はやっていないという。仏在住のジャーナリスト・髙崎順子さんに聞いたところ「出生率の目標はないが、出生率が上がれば、それは社会がうまく回っている指標ととらえる」ということだ。

図9　長時間労働是正が少子化にもたらす効果

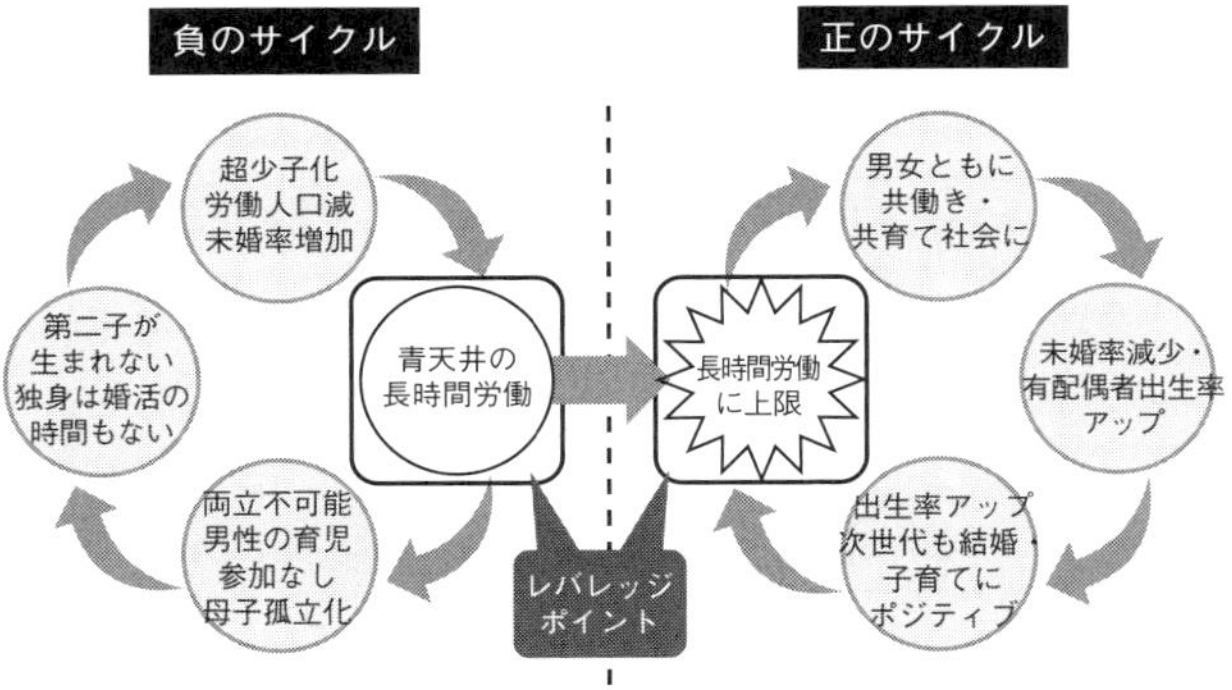

今の時代、望んでいても子どもを持つことへのハードルは高く、少子化は複合的な要因が絡み合っているので、何が一番効くかはわからない。しかし「何を最初にやるべきか」といえば、それは「会社に個人が時間をとられすぎる」長時間労働をなくすことだ（図9）。

夫の協力と第二子出生には、大きな関係があるという厚生労働省のデータがある。第一子のときに、休日に夫の協力がまったく得られなかった場合、一割程度しか第二子が生まれていない。一方、休日に六時間以上、協力が得られた場合、八割程度が第二子を出生している。

つまり、第一子が生まれたときの夫の家庭の滞在時間や家庭参加によって、子どもの数はかなり変わってくるのだ（図10）。

図10　夫の休日の家事・育児時間別に見たこの11年間の第2子以降の出生の状況

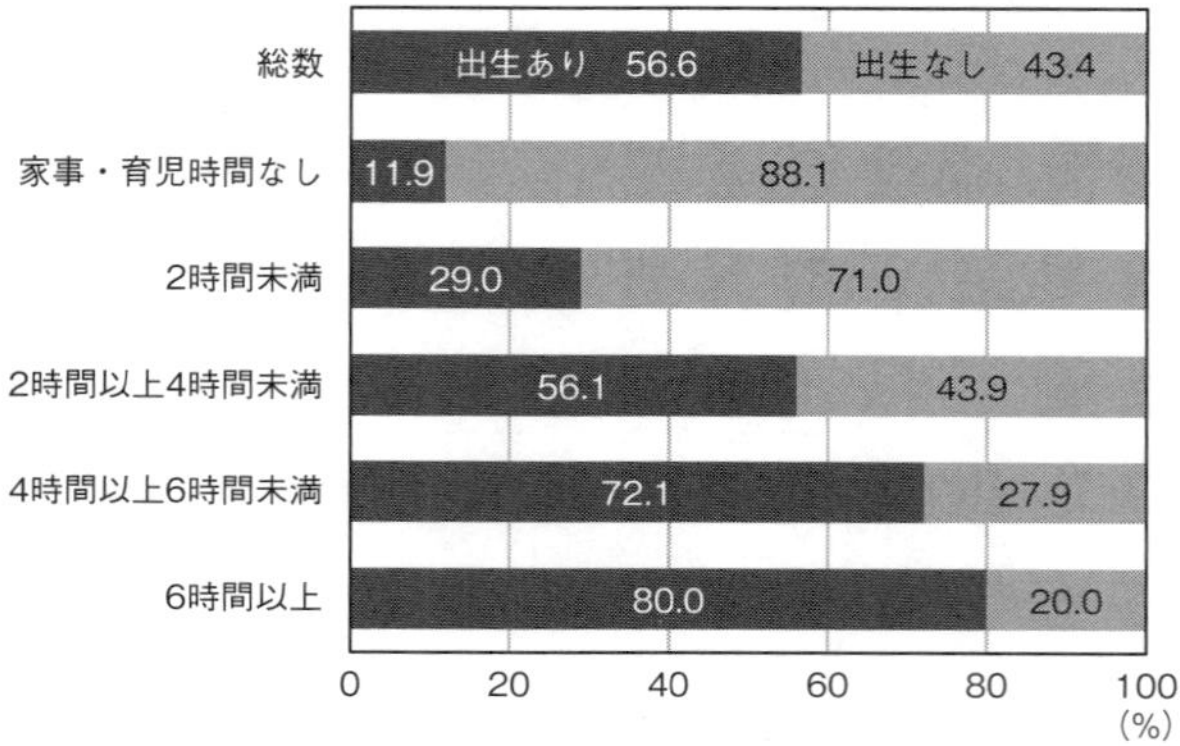

(注1) 家事・育児時間は、「出生あり」は出生前調査時の、「出生なし」は第11回調査時の状況である。
(注2) 11年間で2人以上出生ありの場合は、末子について計上している。
(注3)「総数」には、家事・育児時間不詳を含む。
出所：2015年7月15日付　厚生労働省　第2回21世紀成年者縦断調査（2012年成年者）及び第12回21世紀成年者縦断調査（2002年成年者）の概況をもとに作成

東京大学社会科学研究所の三輪哲さんの調査によると、正規雇用の三十代男性で週当たりの労働時間が六十時間以上になる人たちは、結婚する確率が低いという。四十時間超から六十時間未満の人たちと、四十時間以下の人たちの数字はほぼ一緒だが、六十時間以上の人たちだけ、結婚確率が低いのだ(図11)。

さらに、週当たりの労働時間が六十時間以上の男性は、子どもが生まれる確率は一五パーセント程度。これに対し、四十時間超六十時間未満の男性は約二〇パーセント、四十時間以下の男性は約一九パーセントと、やはり忙し

図11　労働時間と結婚確率（30〜39歳男性）

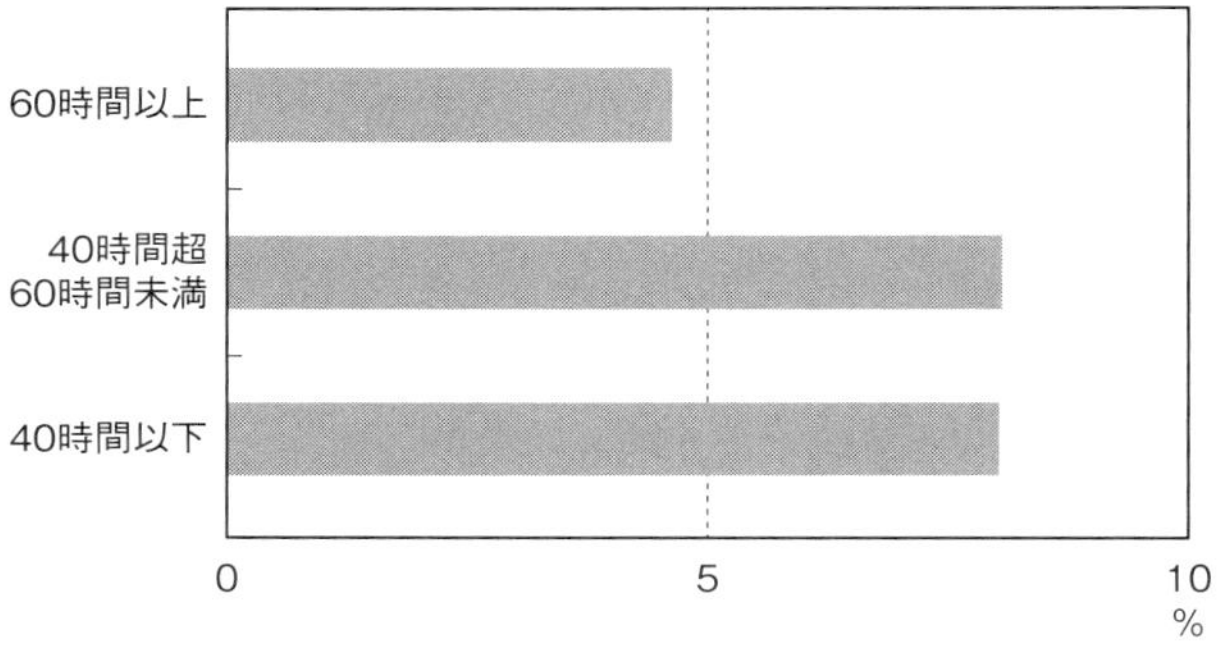

図12　労働時間と出産確率（30〜39歳男性）

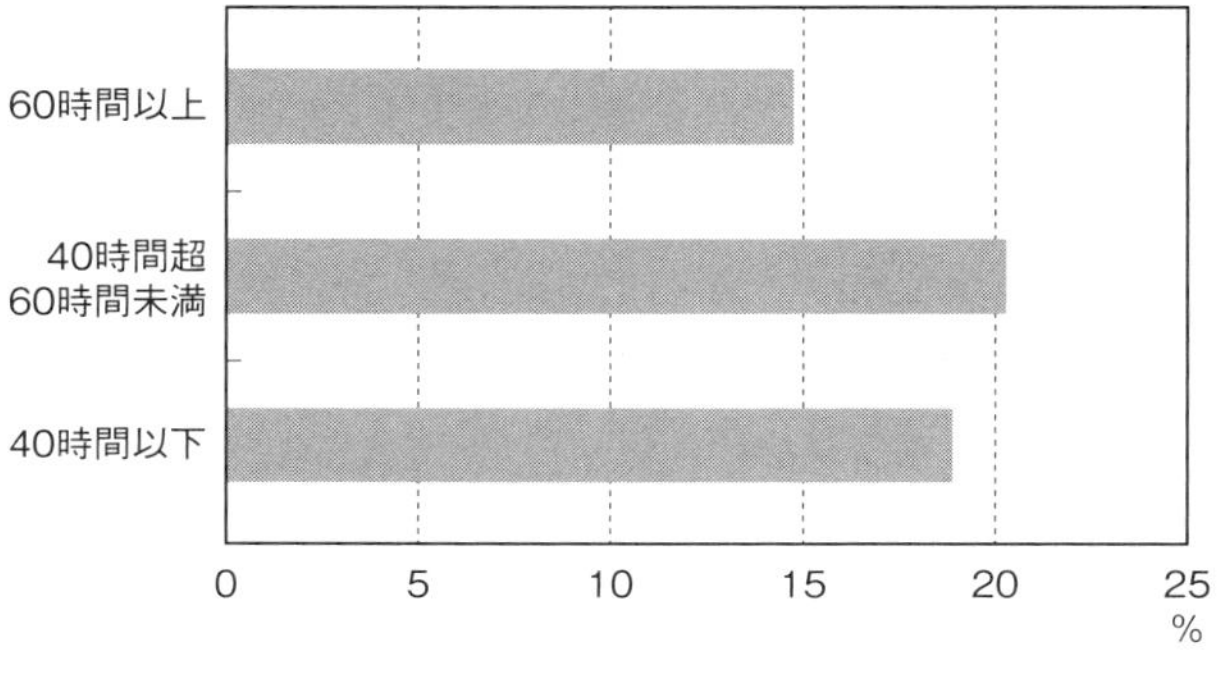

（図 11・12 出典）「長時間労働は家族形成を阻害するか」 三輪　哲

い男性のほうが子どもが生まれにくい。つまり忙しい男性ほど結婚できないし、子どももいないということだ（図12）。

一方、労働生産性を上げて残業時間を減らした結果、出産数が増えたというデータがある。そのことを最初に政府に伝えたのは小室淑恵さん（WLB社社長）だろう。彼女は国会でもプレゼンし、また大臣に呼ばれて、長時間労働是正と出生率について、自社がコンサルティングした企業の実証データをもとに提言している。

同社がコンサルティングしたリクルートスタッフィング（人材派遣業）は、深夜労働八六パーセント削減。休日労働六八パーセント削減。女性従業員の出産数の増加一・八倍、時間当たり売上は三・六パーセントアップしている（小室・二〇一六）。大企業だけでなく、従業員一四〇人前後のセントワークス株式会社は、社長自ら働き方関連の資格を取得し、八カ月で「全従業員の残業時間半減・売上一一四パーセント、経常利益一五五パーセント増加・従業員の出産数の増加・女性管理職二・六倍」という結果を出している。

大和証券に取材したときも社内の出生率を尋ねたら、確かに上がっていた。公式な数字は非公開だ。私は一億総活躍国民会議のヒアリングに大和証券を推薦し、その場で加藤勝信一億総活躍担当大臣が「出生率は上がりましたか？」と聞いていたので、政府が意識していることは確かだ。

男性の家庭参加と出生率の関係は、国際的にも注目されている。総務省統計局のデータによると、日本の男性の家事・育児に費やす時間は、世界的に見ても最低水準。一方、出生率の高い国、または復活した国は、先進国では男性の家事育児時間が長く、また長時間労働もしていない。

またＯＥＣＤ（経済協力開発機構）による女性労働力と合計特殊出生率に関するデータを見ると、女性が社会進出しだした当初は、出生率はどの国も下がる。ところが、やがてフラットになり、男性の家庭参画が進んだ国では出生率が上がっていく。

日本の場合、共働き家庭が増えても、七割以上の男性はまったく家事をしていない状態なので、超少子化状態のまま止まっている。女性だけが「仕事→家庭でのケアワーク」のダブルシフトで、「ワンオペ育児」「平日母子家庭」「パパはゾンビ問題」という言葉が続々生まれている。女性だけで、仕事も、育児も、介護もしてというのは、「無理ゲー」なのだ。

やはり女性活躍、男性の家庭参画、長時間労働是正、出生率アップはセットで考えなければいけない。だからこそ、女性だけでなく、男性の働き方を変えることが重要なのだ。

父親の育児参加で国の競争力が上がる

ヨーロッパではかなり以前から、男女が育児に均等に参加するための施策に力を入れている。スウェーデンでは、一九九五年に「パパ・クォータ制」を導入し、両親ともに育児休暇と両親手当を受給する権利を保障している。父親が育休を取らないと、両親手当がもらえず損をする仕組みで、これにより父親の育児休暇取得率が大いに向上した。

フランスでも育休の取得率を上げるため、二〇〇二年から父親に「産休」を十四日間与える制度を始めた。十四日のうち三日間は、雇用者負担の出産有給休暇が受けられ、残り十一日は国の負担で手当が受けられる。二〇〇七年には父親の七割が取得するようになり、前述の髙崎順子さんによると、今では父親が産休を取らないと「この人どうしたの？」と思われるぐらい定着しているそうだ。雇用者には取得を拒む権利はなく、義務ではないけれど、ほとんどの人が取るようになっている。

フランスがこのような施策を始めた背景には、「子育ては非常に大変なことである」という前提がある。母親を徹底的にサポートすることが大事で、そのため一番近くにいる父親がサポートしやすいシステムをつくる。

「自然に任せていれば、男性が父親になるのは難しい」と政府は見切ったのだ。そこで強制的に二週間、父親になるための「修業期間」を設けることにした。つまり、これは「産後二週間は家庭に帰れ」という政府の強いメッセージなのだ。

十四日の父親休暇は、「父親が赤ちゃんと知り合うための短期集中合宿」とも言われている。フランスでは産後の入院期間は短く、二泊三日ほどで退院となる。入院中、助産師が子どもの育て方、オムツの替え方、ミルクの飲ませ方などを指導するが、その時間も父親が病院に来るスケジュールに合わせるほど徹底している。自宅に帰ったときは、まったくの初心者だった二人が、同じ状況で育児をスタートできるようにしているのだ。フランスでは里帰り出産がほとんどないので、この二週間は夫婦が向き合って育児をする濃密な時間になっている。

ドイツも、育児休暇の取得率が着実に上昇している。リクルートワークス研究所主任研究員の大嶋寧子さんによると、その背景のひとつには、父親が育休を取ることで失う収入を、完全に補填したことがあるという。さらに「パートナー月」を設け、出産から二カ月間の育休を父親が取らないと、この期間の両親手当が受け取れないようにした。「取らないと損」という制度を設けたのだ。

ドイツでは、社会レベルでも担当大臣主導で国民的議論を喚起し、マスコミ報道を通じて「新しい父親像」を浸透させた。つまり「家計」「職場」「社会」という三つのレベルで変化を起こし、その結果、二〇〇六年には三パーセントだった父親の育児休暇取得率は二〇一四年には三四・二パーセントへと上昇した。

一方の日本を見ると、家計のレベルでは、すでに変化が起きていて、経済的な負担はかなり軽減されている。ところが職場レベルでは、長時間、職場に貢献し続ける労働者に高い評価が与えられたり、キャリアにつながる仕事の配分・配属が行なわれたりする傾向が強く、育休を取りにくい環境にある。社会レベルでも、まだ日本では父親の育児休暇は「福利厚生」の一環という認識だ。だが、ヨーロッパの場合、父親の育児は「競争力」に関わる問題と認識されるようになっている。父親の育児参加は、男女平等の観点に加え、国の競争力や子どものより良い発達に関わる問題だ、ということだ。そのため、なかば強制的に父親に育児参加させようとしているのだ。

結局のところ、日本では社会、職場レベルでの意識の変化はまだ起きていない。日本で父親が育児参加できないのは、経済的問題や男女の役割分担意識もさることながら、職場が育児休暇を取る男性を評価しない、つまりは「イクボス」が少ないことが最大の原因のように思える。

女性が年収一〇〇万円しか稼げない三つの理由

女性が活躍して管理職になるような「活躍支援」も重要だが、加えて、女性の年収が重力にとらわれたまま増えないことも、大きな問題のひとつだ。これは夫の死後や老後の貧困にもつながる問題で、離婚後のシングルマザーの貧困にも大きく影響している。

前述の大嶋さんのレポートで、もうひとつ驚いたのが、二〇〇二年から二〇一五年までの十三年間で、女性の労働者数で圧倒的に増えているのは一〇〇万円から一四九万円台で働く非正規の女性だということ。正規社員は、ほとんど増えていない。

また世帯主の月収を見ると、一九九〇年と二〇一五年では七万円ぐらい減っている。これを補うために妻がパートに出ているのが、非正規の女性が増えた理由と考えられるが、パート収入だと家計全体では月八〇〇〇円ぐらいの増加にしかつながっていない。パート収入で働く女性の年収は、一〇〇万円程度で抑えられているケースが多いからだ。

では、なぜパートの女性は一〇〇万円程度しか働かないのか。私は、以下の三つの理由があると考えている。

①税制や保育園不足などの制度の問題
②男女の役割分担意識
③働き方の問題（長時間労働）

①「税制」「保育園が足りない」など制度の問題

現在の税制では、一三〇万円の壁（年間収入が一三〇万円以上になると配偶者控除を受けられず、結果的に損になる）など、さまざまな壁があり、夫婦ともに「収入増」になるには、二〇〇万円以上働かないと、「働いてよかった」と感じることはできない。

では、具体的に二〇〇万円稼ぐには、どうすればいいかというと、東京だと最低時給が約九三〇円（平成二十九年六月現在）なので、週四十五時間未満程度働けば、稼げる計算になる。ところが九州や東北のような最低時給が安い地域だと、週五十八時間以上働かなければならず、これだと正社員なみに労働時間が長くなってしまう。フルパートだと体力的にきついし、また正社員になると残業などで際限なく時間を奪われるという問題が待っている。

②男女の役割分担意識

これまで見てきたように、正社員の働き方は、女性が家事や育児、介護を担い、夫がまったく担っていない現状では、「とても無理」となる。そして、配偶者控除の範囲内で働けばいいという選択が説得力を持ってくる。

③働き方の問題（特に無制限の長時間労働）

現状のように、正社員が「無制限に場所や時間を拘束される」働き方のままだと、「隙間時間」で働けるパート勤務を選ぶ人が減ることはないだろう。

もうひとつは経営者の意識である。実際、子育て期の女性を正社員として雇わない理由を調査すると「子どものことで休まれると困る」「子育て中の女性を採用した実績がない」「残業や休日出勤を頼みづらい」といった、働き方の問題が大半だった。

これらの理由により、結局、子どものいる女性は、年収一〇〇万円程度のパート勤務に甘んじる結果になっている。

もし、女性がどんな状況であっても、非正規でも、二〇〇万円以上稼げるようになれば、消費にも貢献するようになる。子育て中の女性の収入がもっと上がったほうが、国としても喜ばしいことなのだ。

また、地域ごとに差が大きい最低賃金の額を、たとえば最低一五〇〇円と定めることにも意味があるのではないだろうか。地方は生活費が安いから最低賃金も安いと言われるが、女性がパートに出るの理由は学費が多い。そして、学費の額にはそれほど地域格差がないのだ。

女性の昇進を阻む「ガラスの天井」がある、といった言い方がよくなされるが、教育学者の本田由紀さんは、「ガラスの天井も問題だが、地に張りつく女性の年収も問題」だと強調する。女性の収入をこの「地に張りつくような重力」から解放できるかどうかは、女性自身のリスクや子どもの貧困、国力にも大きく関わってくる問題だろう。

働き方改革は地方消滅への特効薬

働き方改革は地方創生にも必要だ。250〜251ページの図13は県別の「男性余り率ランキング」だ。生まれたときの男女比は一〇五対一〇〇で、男性のほうがわずかに多い。しかし進学や就職での地方からの流出で、県内の独身男女（三十代）は、こんなに数が違う。

茨城、栃木は独身女性一〇〇に対して、独身男性が一八〇、九〇いる計算になる。製造業や第一次産業が多く、男性は流入してきても、女性向けの仕事が少ないため女性は出ていく。九州は女性比率が高く、特に九州中から女性が働きに来る福岡市では、独身女性のほうが一～二万人は多いはずだ。

地方消滅が話題になったが、消滅都市の原因は「二十代、三十代の出産適齢期の女性の流失」だ。女性を引きとめる、または呼び込む方策が必要なのだが、効果的なのは「子育て環境」ではなく、まずは「安定した両立可能な仕事の多さ」である。

男性が一家を養えた時代は、女性は非正規の仕事をしながら親元で結婚を待つことができた。しかし今や「男性の大黒柱機能」は喪失している。女性たちはまずは「安定した両立可能な仕事」を欲していて、それが地元になければ出ていってしまう。これが地方消滅の原因だ。

「まち・ひと・しごと創生本部」では、働き方と少子化を分析し、さまざまな指標を出している。その分析によれば、子育て期の女性が働ける環境があることが、出生率と正の相関にあった。つまり、俗に言う「女性の就労のM字カーブ」（子育て期である三十代で就労率が凹み、四十代からまた上がること）が深いほうが少子化なのだ。私は、「男性に非正規

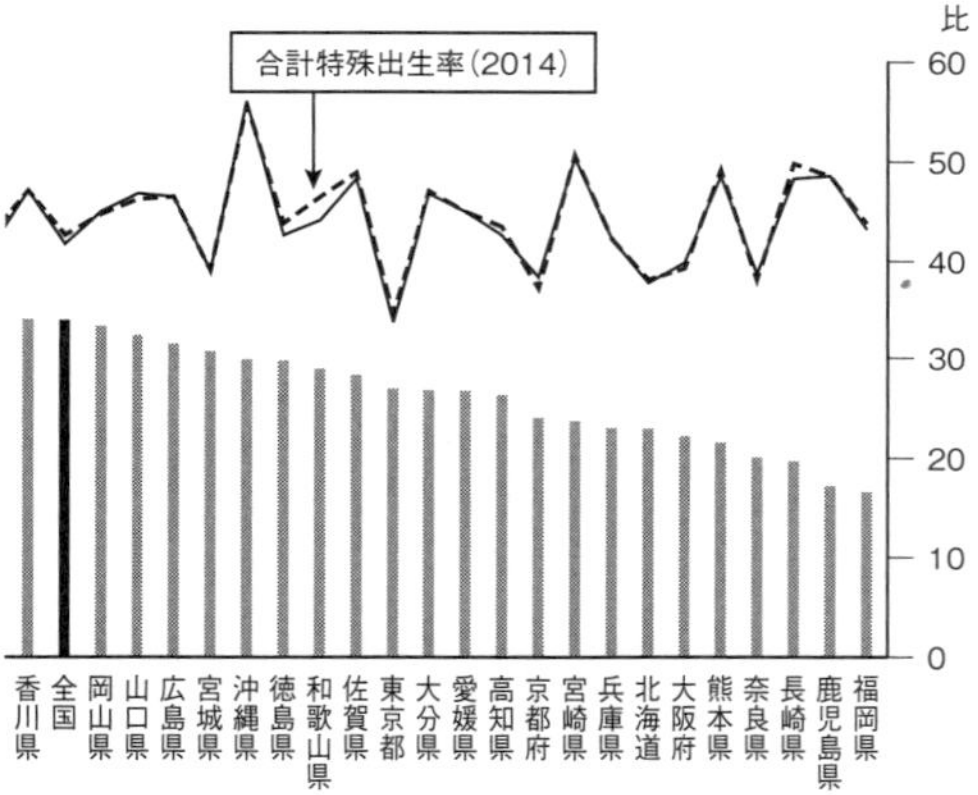

※「地域少子化対策検証プロジェクト（第２回）」筆者資料（筆者の依頼によりNPO法人イシュープラスデザイン作成）を参考に、総務省「国勢調査」、厚生労働省「人口動態統計」を用いて「まち・ひと・しごと創生本部」が作成。

が多い」ほど結婚が減り少子化が進むのではと思っていたのだが、じつは男性の非正規の比率と出生率の相関は弱かった。

あくまで実感に基づく乱暴な仮説だが、仕事がある場所に女性は集まり、その場所で「両立が可能」なら子どもを持つのではないか？　東京都は仕事は多種多様にあるが、両立の環境がいいとは言えない。出産で収入が減る、または無収入になる可能性も高い。

女性が出産によって失うものが少なければ、女性は望む時期に望む数の子どもを持つことができる。その

図13　女性が出ていく県、残る県、やってくる県

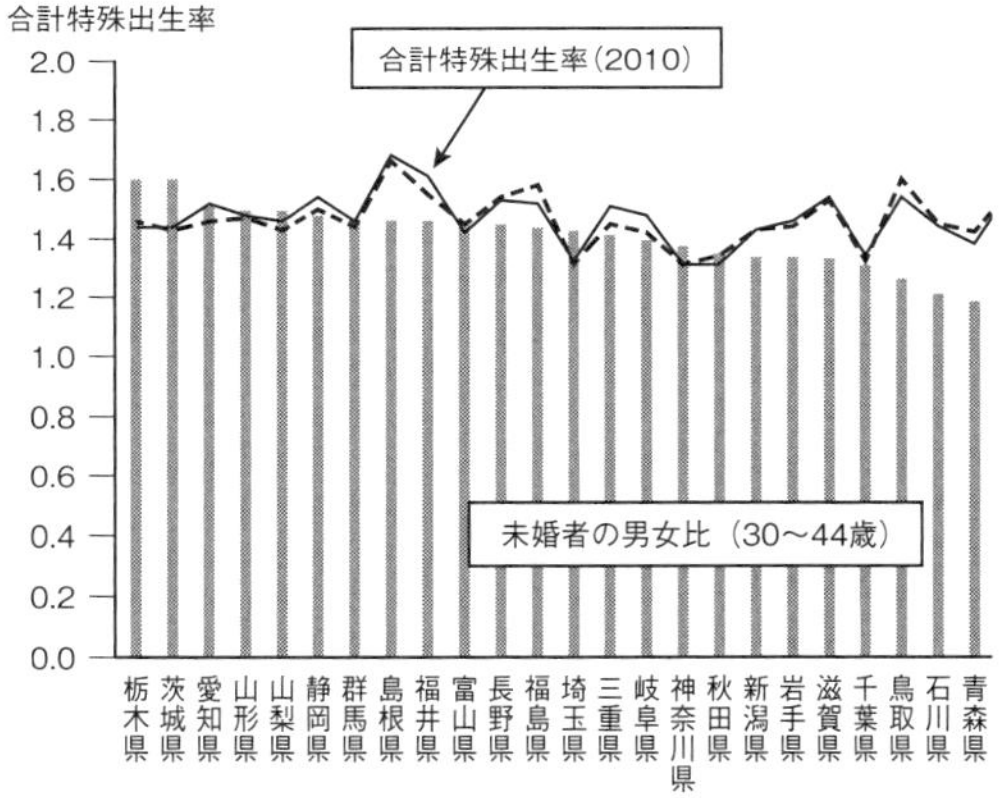

未婚者の男女比（30 〜 44 歳）等の状況

◆棒グラフは、未婚者の男女比【(男性未婚者数−女性未婚者数）／男性未婚者数】の高い順に、未婚者の男女比を％表示している。
◆2010年国勢調査の都道府県別、男女別、年齢階級別、配偶関係別人口（日本人と外国人の両方を含む総人口）を使って30〜44歳について未婚者の男女算出。

点、フランスの政策はすごい。「子どもを持つことによって失われるものがあれば、政府が全部補塡します。パートナーがいなくても、失業しても、子育てだけは大丈夫。だから安心してください」というメッセージをずっと出し続けているのだ。フランス在住の日本人女性ですら「フランスには『産める空気』がある」と言う。

　地方が今生き残るために必要なことは、まずは「女性の雇用」をつくり、さらにその仕事が「両立可能」であること。さらには男性も家庭参画できるようにすることではないだ

ろうか。地方で結婚対策というと、男性の雇用がクローズアップされがちだが、じつはここが重要なのではないかと感じている。

まち・ひと・しごと創生本部では「全国の独身男女の年収」も出しているが、男性三〇〇万円台、女性二〇〇万円台が中央値である。共働き、共育てが可能にならないと、結婚や子育ての希望は叶えられない。

独身女性の多い都市部から、お金をかけて女性を呼んできて「地元の男性と結婚してもらおう」という「婚活」は、現代では効果が低いのではないだろうか。女性だけが「仕事を捨ててまで」移住するほど、その地域は、そこに住む男性は魅力的なのか？「婚活」よりも、「仕事とセットの移住」を考えるほうがよほど建設的だ。地方創生を考えるには、まずは「雇用と働き方」なのだと思う。

地方企業や中小企業でも、働き方改革で驚くほど人材が集まる

「人を採りたくても、応募してくれない」と嘆く地方の会社は多い。だが「働き方改革」で働きやすい会社にすれば、驚くほど学生や主婦が集まってくる事例には事欠かない。

たとえば、広島に本拠があるオタフクソースは、工場で働く女性はほとんどがパートだ

が、希望者を募って順次正社員化するようにしている。

女性の場合、ライフステージによって希望の働き方が異なる。子どもが小さいときは短時間、少し手が離れたら勤務時間を延ばすなど、ライフステージごとに、いろいろな働き方の希望が出てくる。子どもが小学校一年生のときと六年生のときとでは、希望する働き方は違ってくる。一人の女性の中にも多様性があるのだ。

そこでオタフクソースでは、一人ひとりの希望を聞き、その人のニーズを満たす働き方を提示して正社員にしていった。非常に評判が良く、「希望すればパートから正社員になれる」ということで、パート募集をすると、すぐに一杯になるそうだ。

地方は「口コミ力」が大きい。地方の企業が働き方改革をすると、地元に口コミで広がって、あっという間に人材が集まってくる。

働き方改革は、地方の企業にこそ競争力をもたらしてくれる。

とはいえ、中小企業の経営者の方々と話をすると、「両立支援とか、女性活躍と言われても、うちは中小企業だから、まったく余裕がありませんよ」と言われることが多いのも事実。

余裕がないことはわかる。しかし本当は、中小企業のほうが、女性活躍制度の導入で会社に大きなメリットが生まれるのだ。特に地方の中小企業にとっては、重要な人材戦略になる。

地方の会社の人から必ず聞かれるのは「人材不足」という言葉。地方の場合、子どもたちが大都市部の大学に進学して、そのまま都市部で就職してしまうことも、決して珍しいことではない。しかも多くの若者が大企業志向で、みんな大企業に行ってしまう。新卒一〇人に内定を出しても、最終的に八人に断られるということが普通に起こっている。

それならば、新卒採用はあきらめて、中途で優秀な人を採用する手もある。

働き方の仕組みを変えて、九時から五時できっちり終わるような会社にすれば、「そういう会社で働きたい」という人はたくさんいる。さらに短い時間の「六時間正社員」「四時間正社員」の制度を導入すれば、リタイアした人や子育て中の女性など、制約があっても優秀な能力を持つ人材が応募してくるだろう。

ワークライフバランスは、都会の大企業よりも、むしろ地方の中小企業にとってメリットをもたらすものなのだ。よその会社が始める前に、いち早く始めて地元で評判になれば、人材獲得で苦労することはなくなる。「働き方改革」こそが、地方企業、中小企業が生き残るカギだ。

第二章でも紹介したが、三重県は、県をあげて企業のワークライフバランスに取り組んでいる。もちろん「長時間労働是正」は必須項目だ。県内企業が働き方改革に取り組んだ結果、「長時間労働是正」「社員の結婚や出産が増えた」「利益が上がった」「男性の育児休業取得率が上がった」などの嬉しい動きがあり、また何よりも地方の最重要課題である「人手不足」への効果は大きかった。「採用エントリー数が去年の三倍」「採用予定人数が短期間で確保できた」などの報告が上がっている。なかには「大阪での内定を蹴ってワークライフバランスのいい三重県の会社に来た」という人もいたという。二〇一五年度の合計特殊出生率は過去二十年間で一番の伸び率だった。

働き方改革で、ワークライフバランス、長時間労働是正ができて、共働き共育てが可能な県になれば、三重県はもっと「魅力的な県」になる。

ワークライフバランス、ダイバーシティ、女性活躍、少子化、働き方改革は、じつは全部一緒なのだ。

第七章——実録・残業上限の衝撃

「働き方改革実現会議」で目にした上限規制までの道のり

これまで、日本における働く時間はいわば「制限速度のない高速道路」だった。事故も起きるし、時には犠牲も出る。しかし「働き方改革実現会議」の「実行計画」で、事実上青天井だった労働時間に初めて法律で働く時間の「上限」が入ることが決まった。

私はこの会議のメンバーとして、残業上限の成立をつぶさに見てきた。あまり興味のない人もいるかとは思うが、そこまでの道のりを知っている限り記録しておきたいと思う。この「上限」が歴史的な変革になるかもしれない。そして、これから社会を変えたい、政治に働きかけたいと思う人の参考にしていただければと思っている。

「働き方改革」に吹いた追い風

働き方についての「常識」が大きく変わる——その大きな契機となったのは、二〇一六年一月二十九日に安倍総理が、一億総活躍国民会議で行なった発言だった。「働き方改革」という言葉を掲げ、「同一労働同一賃金の実現」「高齢者雇用促進」「総労働時間等の長時間労働是正」などについて、非常に力強く語ったのだ。総理大臣が労働問題について、ここまで踏み込んで話すのは極めて異例のことだった。すでに二十年、長時間労働是正のコンサルタントとして九〇〇社以上をコンサルティングしている小室淑恵さん（WLB社社長）も、「長年取り組んできて、ここまで追い風が吹いたのは初めて」と言っていた。小室さんはすでに二年前から産業競争力会議民間議員として提言してきたが、なかなか政府の理解を得られなかったという。しかし「やっと潮目が変わった」のだ。

そこで「日本初の働く時間の上限規制」を目指して、何人かの協力者と協働を開始した。ＷＬＢ社の小室さん、ファザーリング・ジャパン（以下、ＦＪ）の安藤哲也さん、イクボス企業同盟の川島高之さんや塚越学さん、働き方改革先進企業の方、メディア関係者などがメンバーだ。

長時間労働撲滅プロジェクトのスタートである。

すでに「一億総活躍国民会議」の民間議員になったとき、「一億に女性の視点を入れる会」を気心の知れた女性有識者たちとつくり、「どんな提言をしたらいいか、何が効果的か」と知恵を出し合う小さな勉強会をしていた。自分の専門だけでなく、さまざまな分野の専門家と協働して幅広い提言をするチャンスを活かしたかったのだ。土台があったので、「労働時間の法的上限」に向けてすぐに動き出すことができた。

アンケートや署名で声を可視化

小室さんからは「労働時間を削減し、利益が上がり、出生率も上がった企業」の実例を提示してもらった。ほかにも、女性や子育て世代、若い世代の声をプロジェクトメンバーがアンケートで「見える化」してくれた。またＷＬＢ社、イクボス企業同盟、ＦＪの協力で、「労働時間革命宣言企業」をしてくれる経営者の直筆署名を集めてもらい、会議に提出した。

すでに述べたように、経営者にとって正社員の労働時間は「無限」であり、その資源を奪われることに対する抵抗感がある。政府もそれを一番懸念していた。だからこそ、「すでに長時間労働是正に本気で取り組む企業は、社会全体で取り組むことに賛成」という、目に見えるエビデンスがあったらと思っていたのだ。

イクボス企業同盟のアンケートで、すでに長時間労働是正に取り組んでいる企業一〇九社から回答を得た。このうち「国（政府）に、労働時間の全体的な抑制・働き方の見直しの旗振りを期待しますか？」という問いに、なんと九割の企業が「イエス」と答えたのだ。

この結果を会議の資料として出したところ、安倍総理は、会議の終わりのスピーチでその資料を示しながら「九割の企業は望んでいるんですね」と言及してくれた。

それが六月に閣議決定された「ニッポン一億総活躍プラン」にもつながっていく。

FJ、WLB社、政策分析ネットワークが、二回も長時間フォーラムを開いてくれ、その様子も会議で伝えた。産業医の大室正志さんなどの専門家、大和証券の鈴木茂晴会長（当時）、カルビーの松本晃会長兼CEO、三越伊勢丹ホールディングスの大西洋社長（当時）も、手弁当で登壇してくれるというドリームチームだった。

また「世論が盛り上がっていない」という意見を受けて、女性マスコミの会でも勉強会を開かせてもらい、小室さんと私でプレゼンをした。これは本当に効果的で「三六協定」という言葉が、新聞やテレビで見られるようになった。以前、政治家に「世論とは何か」と聞いたところ、「テレビやマスコミに取り上げられること」と言われたからだ。

二〇一六年六月二日に閣議決定されたニッポン一億総活躍プランにも、「長時間労働の是正」という項目が盛り込まれ、「三六協定における時間外労働規制の在り方について再検討」「（時間外労働時間について）欧州諸国に遜色のない水準を目指す」という文言が入った（ただ、この時点では法改正とまでは書いていなかった）。

長時間労働の是正が求められる理由について、プランでは以下のように説明している。「長時間労働は、仕事と子育てなどの家庭生活の両立を困難にし、少子化の原因や、女性のキャリア形成を阻む原因、男性の家庭参画を阻む原因となっている」。この「男性の家庭参画」という一言は私が入れてもらった。

働き方改革実現会議の焦点はどこにあったのか――

二〇一六年九月から「働き方改革実現会議」が始まった。私は一億総活躍国民会議で「働く時間の上限」を提言しており、次の実現会議の委員になったが、これは「上限に賛成な委員も必要だったから」と思っている。

「働き方改革」の焦点は、「同一労働同一賃金」と「長時間労働の是正」だ。この会議は総理自らが議長となり、労使のトップを呼び、長年「労政審」などで議題になっても結論が出なかった、この二つを一気に進めようという大変意欲的な会議だ。

この会議には九つのテーマがあったが、翌年三月までと期間が六カ月しかないため、法改正までいくテーマとしては「同一労働同一賃金」と「三六協定の見直し」がメインであろうと思っていた。初回の会議は「所信表明」だったので、労働時間の上限を提言し、新たに増えた「労働時間革命宣言企業」のリストを、大きく印刷して資料に付けた。資料はいくら提出してもいいのだが、発言時間はわずか二分。また資料もいちいち見てはもらえない。しかし工夫したおかげで、老眼鏡をかけて「どの企業が賛成しているのか？」と見てくれる閣僚が結構いた。

とはいえ、委員の中で「三六協定」という言葉を使うのは連合（日本労働組合総連合会）の神津里季生会長と私で、「一律の上限は反対」という意見も根強かった。これはかなり難しいことになりそうだと思った。

実際に進めるとなると、やはり、さまざまな抵抗が出てきて、法改正までは難しいのだろうという空気が漂っていた。しかし、その空気が一気に変わったのは、電通に勤めていて過労自死した高橋まつりさんの事件が世間に大きな衝撃を与えたからだった。

ＦＪの若い理事、西村創一朗さんが署名活動をしたいと提案。それを受けて、長時間労働撲滅プロジェクトは、ウェブ署名の「Change.org」で署名活動を開始。以前から「労務問題」に関わる人やワークライフバランスの識者だけでなく、勝間和代さん、古市憲寿さん、昭和女子大学理事長の坂東眞理子さんなど、著名人にも呼びかけ人に加わってもらった。これまであまり興味がなかった人にも、広く関心を持ってもらいたかったからだ。Change.org史上最速で五万人近くの署名が集まり、プロジェクトメンバーが記者会見や署名の大臣手交を行なった。

電通の高橋まつりさんの長時間労働とパワハラによる過労自死に関して、私の周囲でもいろいろな議論が巻き起こったが、それを聞くにつけ、日本がいかに長時間労働の国であるかを痛感せざるを得なかった。

彼女の過労自死について、同業や長時間労働の職場で働く人たちとも大いに議論した。最初はみな、高橋さんに非常に同情的だった。ところが彼女の亡くなる一カ月前までの残業時間が一〇五時間だったことが明らかになったとたん、「それぐらい、普通にやっているよね……」とトーンダウンする人も多かった。

自死理由も長時間労働ではなく、パワハラではないかという意見もあった。長時間労働が当たり前と思っている人たちにとって、長時間労働を罪悪視することへの抵抗感が非常に強いのだ。またテレビに取り上げられることが多くなり、一般の人たちからは「残業代が減る」「残業がなくなると非正規なので生活できない」「自由に働きたい」などの声も大きくなった。「長時間労働問題」は高橋さんのおかげで「社会問題化」した。

電通の社長辞任から経済界の空気が変わった――

しかしこれを機に、経営者は上限規制に表だっては「反対」と言えない空気が出てきたことは確かだ。

十二月二十四日には、『ＮＨＫスペシャル』の「長時間労働」特集にて、サントリーホールディングスの新浪社長が「しっかりと規制して長時間労働はまずいんだと社会問題としてとらえたほうが良い」と発言した。さらに電通本社へ捜査や経営者、上司の書類送検など、厚労省の厳しい追及が連日報道され、ついに二十八日に電通の石井直社長が引責辞任したことで、また流れが変わった。以降の動きを表2にまとめた。

この会議が始まったときから、政府サイドは労使と「具体的な上限規制案」を水面下で激しく調整していたはずだ。「規定路線」とする向きもあったが、最後のたたみかけるようなスピードを見ると、調整は難航し、ギリギリのタイミングになったのだろう。

第六回実現会議は、初めて「長時間労働是正」がテーマとなった回だったが、まだ調整が済んでいなかったため、「最長でも残業は単月七十五時間」という「空気を読まない」提言をした私以外は、具体的な数字を挙げる委員はいなかった。総理からは第六回、第七

表2　残業の上限規制に至るまでの道のり

年明け	一律の上限に反対していた経団連会長が2017年1月、経済３団体賀詞交換会にて「36協定」に対して「何らかの歯止めが必要」と発言
1月20日	安倍総理が施政演説で初めて「罰則付きの法改正」と明言
2月1日	第6回実現会議。「同一労働同一賃金・長時間労働是正」について
2月上旬	労使が折衝開始
2月上旬	政府案100時間が一斉に新聞報道
2月10日	「過労死遺族の会」などが反対の院内集会
2月13日	安倍総理、過労自死した高橋まつりさんのお母さんと面会
2月14日	第7回実現会議。「長時間労働是正・高齢者雇用」について
2月22日	第8回実現会議。今まで取り上げなかったテーマ
3月13日	労使合意（100時間未満）
3月17日	第9回実現会議。実行計画（コンテンツ）政労使案。「実行計画案」が各委員に開示される
3月28日	第10回実現会議。「働き方改革実行計画（案）」

回の会議で「労使の合意がなければ水泡に帰す」と合意を促す発言があった。

こうした政府のトップが揃う会議では発言は二分しかないが、政府の首脳陣に直接プレゼンする貴重な機会となる。この第六回・七回会議は、「一〇〇時間はありえない」（連合）など、水面下での連合と経団連の対立があり、また官邸サイドがそれに苛立っていることも感じられた。

「実行計画案」に盛り込まれた上限規制は、序章で紹介した表1の通りである。

「一〇〇時間未満」が単月最長となったことで、高橋まつりさんのお母さんをはじめ、失望、反対の声が聞かれたのは、委員としても力足らず申し訳ないとは思うが、最初から経緯を見ていた私には、二〇一六年一月まではまったく動かなかった「上限」がよく入ったという印象だった。連合の神津会長も「一〇〇時間のせめぎ合い」については、『労使の合意がなければ法改正はおじゃんだ』と総理から言われ、まさに瓢簞から駒の労使協議となったわけです」（「『残業時間は減るのでしょうか』連合の神津会長を直撃！」・ダイヤモンドオンライン・二〇一七年四月二十一日）と言っている。

また、経団連会長の榊原定征氏はもともと東レ出身である。東レは「元祖イクボス」の佐々木常夫さんが取締役をしていた会社だ。「経団連会長が榊原さんでなければ実現できなかった」とも言われている。

日本の中産階級の「アメリカ化」を防げ

担当官僚に「なぜ総理はこれをやりたいのか？」とストレートに質問したところ、「中産階級が弱ると、アメリカのようなことが起きる」という回答があった。人手不足、過労死問題の社会課題化、日本の「無制限正社員」の限界、経団連、連合、官邸が今回のメン

表3　長時間労働撲滅プロジェクトで行なった活動

⦿４回の長時間労働フォーラム
⦿労働時間革命宣言（企業版、自治体版）
⦿ウェブ署名活動
⦿３回のマスコミ向け勉強会
⦿スリール（株）、イクボス企業同盟によるアンケート
⦿記者会見（厚労省、外国人記者クラブ）
⦿塩崎厚労大臣および加藤働き方改革担当大臣への署名手交

バーだったこと、さまざまな要素が重なって、からくも「上限規制が入った」という印象を持っている。そして今の政権では、最初で最後の千載一遇のチャンスであったと思う。

長時間労働プロジェクトの活動としては、まとめると以下のことを行なった（表3）。

署名の目的であった「命を守る上限規制」と「インターバル規制」に関して、上限規制は「長時間労働の上限規制を罰則付きで設ける」ことが決められ、これは労働基準法の施行以来「七十年間で初めてのこと」であった。また「インターバル規制」は「努力義務」として何とか残った。これは連合の神津会長のおかげだと思っている。最初から「罰則付き上限とインターバルの両方は難しい」とずっと言われていたのだ。パワハラ防止も実行計画に入っている。

しかし繁忙期の最長残業時間「一〇〇時間」という数字が一人歩きしてしまったのは残念だった。そこだけが注目されたし、もっと世論が盛り上がれば「命を守る上限」として八十時間以下の数字が入る可能性もあったのではと思うが、NHKの記者には「やはり残業代が減るという声で、世論がしぼんだ感がある」と指摘された。そこに訴求できなかったのは反省点だろう。

一緒にやってきた協働メンバーに「経営」や「ワークライフバランス」の専門家はいても、労使問題の専門家はいない。必ずしもみな「完全一致」ではないのだが、目指すところは似ている。「思想信条」ではなく、現実を「一歩でも進めることに注力する」ことができたのは、そのおかげだと思っている。「変わらない」と「変わる」なら、「変わるほうを選ぶ」人たちを動かすことが重要なのだ。

提言の中で「実行計画」に「言葉」として盛り込むことができたのは、「男性の家庭参画」「深夜労働の制限や深夜・休日のメール送付の抑制等の対策」で「シングルマザーや単身女性の貧困問題の解決のためにも有効」だった。

働き方改革はブームで終わるのか

働き方改革がブームで終わるのか、それとも「これが日本の働き方の転換点」だったと振り返られるようになるのか、それは今からがスタートだと思う。

じつは「実行計画」ができたことはまだまだ「五合目」で、「法律にならなければ、ただの紙切れ」だ。労政審で議論が進み、早ければ二〇一七年中の国会に提出され、二〇一九年度からの実現を目指す。

ぜひ「働き方改革」のゆくえに注目してほしいし、また自分ごととして参加してほしい。一過性のブームではなく「世直し」のムーブメントになってほしい。

実現会議で「労働問題」への意識が高まり、訴訟なども起き、報道もされるようになった。また人手不足もあいまって、さまざまな企業で長時間労働是正、テレワーク、多様な正社員や雇用など働き方改革の取り組みがなされるようになった。二〇一六年初頭にはまだ「三六協定」や「日本の労働時間が事実上、青天井」であることなど、多くの人が知らなかった。それを思えば、状況は大きく変わっている。

残業時間の上限規制だけでなく、若い人たちから「at Will Work」のように、自分たちで自由な新しい働き方を設計しようという動きが出てきていることも素晴らしい。

今まで日本の労働者は「ものを言わなさすぎた」と思う。学校教育で「労働法」について教えることで、「これはおかしい」「違法なのでは？」「このバイトの賃金はどうなのか？」という意識を持てるようになることも必要ではないか。出前講座を設けている団体もあるので、ぜひ大学や高校関係者は導入してほしい。日本のキャリア教育は「好きなことを仕事に」ばかり言わず、「労働者として自分を守る方法」と「生きていくのに必要なお金」について、しっかり教えてほしい。

今の当たり前は、未来の当たり前ではない

教師や医師など、今まで「聖域」とされてきた仕事にも「長時間労働はおかしい」という意見がどんどん出てきている。たとえば、二十四時間お店が営業していることも、本当に合理的なのだろうか。この便利な世の中は、安い賃金で過酷な労働をしている人の「我慢」の上に成り立っているのではないだろうか。

本当に一日八時間労働は当たり前なのか。欧州では一日六時間労働の実験も始まっている。自分の賃金は本当に「自分の働き」に見合っているのだろうか。

「働き方改革」をきっかけに、今まで「当たり前」とされてきたことに疑問を抱く人が増え、「これはおかしくないか」と意見を言える空気ができた。それが社会を動かすのだ。

二〇一六年初めには「実現なんて予測できなかった」働く時間の上限が今は実現しようとしている。飲酒運転や禁煙を考えてみてほしい。私が会社に入った頃はオフィスで隣の人がタバコを吸っているのは当たり前だった。条例や法律ができて、今やそんな状況は考えられなくなった。みんなが良い人だったからではない。「当たり前は変わる」のだ。

「日本人は実現度が高まるとオセロのようにそちらになびく」と、ある人に言われた。

世の中はのろのろとでも確実に動いているし、働き方の問題が動いたのは、この問題に興味を持ってくれたみなさんのおかげにほかならない。署名してくれた人、ネットで賛同、発信してくれた人、アンケートに答えてくれた人、多くの人の力が社会を動かすのだ。

そして「何かを変えたい」と思う人は、ぜひ「一歩でも現実を進めよう」という思いを持つ仲間と、ちょっとの違いを乗り越えて協働してほしい。実現度が確実に高まる。

以上、見たままの記録で申し訳ないが、少しでも今後「社会を変えたい」と思う人にとって、何かヒントになればいいと思う。

二〇一七年は「働き方改革元年」だったと言える年になってほしいと、私は感じている。思い切り自由な働き方でとてつもない付加価値を出す仕事もあれば、一方で、「きっちりこの時間だけ仕事をすれば安心して生きられる」という仕事があってもいい。多くの人が「自分の時間をどう使って、いくらのお金を得るのか」を選択できるようになってほしいと心から思うのだ。

参考文献

青木耕平「〝仕事の熱狂〟に溺れない。『正気を保ち続ける』という働き方」（ニューズピックス・二〇一七年五月二十六日）
麻野耕司「経営から『甘え』をなくす」（HR2048・二〇一六年十二月十四日〈大室正志氏との対談〉）
伊賀泰代『生産性　マッキンゼーが組織と人材に求め続けるもの』（ダイヤモンド社、二〇一六年）
石塚由紀夫『資生堂インパクト　子育てを聖域にしない経営』（日本経済新聞出版社、二〇一六年）
岩村水樹『ワーク・スマート　チームとテクノロジーが「できる」を増やす』（中央公論新社、二〇一七年）
大室正志「『好きで長時間働くのがなぜ悪い！』という人に産業医から伝えたいこと」（「〝未来を変える〟プロジェクト」DODA・二〇一七年二月二十二日）
小室淑恵『労働時間革命　残業削減で業績向上！その仕組みが分かる』（毎日新聞出版・二〇一六年）

沢渡あまね『職場の問題地図　「で、どこから変える?」残業だらけ・休めない働き方』（技術評論社、二〇一六年）
セールスフォース・ドットコム「組織で成果を出し続けるグッドサイクルの秘訣　ダニエルキムの成功循環モデルとは」
常見陽平『なぜ、残業はなくならないのか』（祥伝社新書、二〇一七年）
デービッド・アトキンソン「なぜ日本は『女性の生産性』が極端に低いのか――男性と『同一労働』をさせる覚悟、する覚悟」（東洋経済オンライン・二〇一七年一月六日）
中澤誠『ルポ　過労社会：八時間労働は岩盤規制か』（ちくま新書・二〇一五年）
中原淳『駆け出しマネジャーの成長論　7つの挑戦課題を「科学」する』（中公新書ラクレ・二〇一四年）
濱口秀司「ホワイトカラーの『生産性』はなぜ計りにくいのか」（ニューズピックス・二〇一七年三月二十五日〈坂之上洋子氏との対談〉）
浜屋祐子、中原淳『育児は仕事の役に立つ　「ワンオペ育児」から「チーム育児」へ』（光文社新書、二〇一七年）
前田正子『大卒無業女性の憂鬱　彼女たちの働かない・働けない理由』（新泉社、二〇一七年）

白河桃子［しらかわ・とうこ］

相模女子大学客員教授、少子化ジャーナリスト、作家。東京生まれ、慶應義塾大学文学部社会学専攻卒。住友商事、外資系金融などを経て著述業に。山田昌弘中央大学教授との共著『婚活時代』（ディスカヴァー携書）で婚活ブームを起こす。少子化対策、女性のキャリア・ライフデザイン、女性活躍推進、ダイバーシティ、働き方改革などをテーマに著作、講演活動を行なう一方、「働き方改革実現会議」「新たな少子化社会対策大綱策定のための検討会」などの委員として政府の政策策定に参画。著書に『専業主婦になりたい女たち』（ポプラ新書）など多数。

本書の一部及び第二章は『プレジデント』2017年3月20日号、『プレジデントウーマン』2017年5月6日号、及び「プレジデント・オンライン」（以上、プレジデント社）掲載の記事を元に加筆・訂正を行なったものです。

PHP新書
PHP INTERFACE
http://www.php.co.jp/

PHP新書 1106

御社の働き方改革、ここが間違ってます！
残業削減で伸びるすごい会社

二〇一七年七月二十八日 第一版第一刷

著者――白河桃子
発行者――岡 修平
発行所――株式会社PHP研究所
東京本部――〒135-8137 江東区豊洲5-6-52
学芸出版部新書課 ☎03-3520-9615(編集)
普及一部 ☎03-3520-9630(販売)
京都本部――〒601-8411 京都市南区西九条北ノ内町11
組版――朝日メディアインターナショナル株式会社
装幀者――芦澤泰偉＋児崎雅淑
印刷所
製本所――図書印刷株式会社

ISBN978-4-569-83152-7

ＰＨＰ新書刊行にあたって

「繁栄を通じて平和と幸福を」(PEACE and HAPPINESS through PROSPERITY)の願いのもと、ＰＨＰ研究所が創設されて今年で五十周年を迎えます。その歩みは、日本人が先の戦争を乗り越え、並々ならぬ努力を続けて、今日の繁栄を築き上げてきた軌跡に重なります。

しかし、平和で豊かな生活を手にした現在、多くの日本人は、自分が何のために生きているのか、どのように生きていきたいのかを、見失いつつあるように思われます。そして、その間にも、日本国内や世界のみならず地球規模での大きな変化が日々生起し、解決すべき問題となって私たちのもとに押し寄せてきます。

このような時代に人生の確かな価値を見出し、生きる喜びに満ちあふれた社会を実現するために、いま何が求められているのでしょうか。それは、先達が培ってきた知恵を紡ぎ直すこと、その上で自分たち一人一人がおかれた現実と進むべき未来について丹念に考えていくこと以外にはありません。

その営みは、単なる知識に終わらない深い思索へ、そしてよく生きるための哲学への旅でもあります。弊所が創設五十周年を迎えましたのを機に、ＰＨＰ新書を創刊し、この新たな旅を読者と共に歩んでいきたいと思っています。多くの読者の共感と支援を心よりお願いいたします。

一九九六年十月

ＰＨＰ研究所